O Segredo de DARWIN

Uma Aventura em Busca da Origem e do Significado da Vida

Benedicto Ismael Camargo Dutra

O Segredo de DARWIN

Uma Aventura em Busca da Origem e do Significado da Vida

MADRAS®

© 2017, Madras Editora Ltda.

Editor:
Wagner Veneziani Costa

Produção e Capa:
Equipe Técnica Madras

Revisão:
Jerônimo Feitosa
Silvia Massimini Felix
Neuza Rosa

Dados Internacionais de Catalogação na Publicação (CIP)
(Câmara Brasileira do Livro, SP, Brasil)

Dutra, Benedicto Ismael Camargo
O segredo de Darwin: uma aventura em busca da origem e do significado da vida/Benedicto Ismael Camargo Dutra. – São Paulo: Madras, 2017.

ISBN: 978-85-370-1075-4

1. Ficção 2. Ficção brasileira I. Título.

17-05895   CDD-869.3

Índices para catálogo sistemático:
1. Ficção: Literatura brasileira 869.3

É proibida a reprodução total ou parcial desta obra, de qualquer forma ou por qualquer meio eletrônico, mecânico, inclusive por meio de processos xerográficos, incluindo ainda o uso da internet, sem a permissão expressa da Madras Editora, na pessoa de seu editor (Lei nº 9. 610, de 19/2/1998).

Todos os direitos desta edição reservados pela

MADRAS EDITORA LTDA.
Rua Paulo Gonçalves, 88 – Santana
CEP: 02403-020 – São Paulo/SP
Caixa Postal: 12183 – CEP: 02013-970
Tel. : (11) 2281-5555 – Fax: (11) 2959-3090
www. madras. com. br

Este livro é dedicado ao Mestre Abdruschin, Oscar Ernest Bernhardt (1875-1941), autor de Na Luz da Verdade – Mensagem do Graal, *que contém os esclarecimentos sobre a origem e a atuação das leis naturais da Criação.*

Índice

Apresentação 9
1. Confusão na Praça 13
2. O Segredo sobre a Origem do Ser Humano 19
3. A Caixa Dourada 25
4. Século XXI em Debate 37
5. Um Novo Aliado 45
6. O Mistério da Evolução 51
7. O Elo Perdido 57
8. Ensino Falho 65
9. As Ambições de Dark e Seu Grupo 75
10. Os Ideais Humanitários de Zaion 79
11. Troca da Guarda 89
12. A Suspeita 97
13. As Preocupações de Darwin 105
14. O Resgate 111
15. O Plano da Criação 123
16. Uma Nova Visão do Mundo 131
17. Em Benefício da Humanidade 135
18. Nasce uma Nova Esperança 147
Notas do Autor 153

Apresentação

Há cerca de 400 anos, o planeta Terra era considerado o centro do Universo e acreditava-se que o Sol girava em torno dele e não o contrário, como sabemos na atualidade. Outro conceito, que vigorou até o início do século XIX, era de que nosso planeta somava aproximadamente 6 mil anos e que todas as espécies de vida, inclusive os seres humanos, eram imutáveis e teriam surgido prontas. Com base nesse pensamento, muitas questões ficaram sem resposta ou receberam explicações sem nenhuma comprovação científica, e algumas até chegaram a ser hilárias de tão absurdas. Um dos exemplos de justificativas estapafúrdias para o desaparecimento dos dinossauros e de outras espécies de animais era de que esses seres não puderam se salvar do dilúvio porque não couberam na arca de Noé.

Somente a partir de 1859, com a teoria sobre a origem das espécies, elaborada e desenvolvida pelo naturalista inglês Charles Darwin, é que os estudiosos passaram a ter coragem para falar abertamente sobre o processo evolutivo dos seres vivos a partir de um ancestral em comum, e também sobre a multiplicação das espécies pelas mutações, além da contínua trajetória evolutiva promovida pela seleção natural. Todavia, Darwin não considerou a natureza do homem em sua essência espiritual, o que representa a grande lacuna de sua teoria.

Muitos outros estudos nesse sentido foram realizados desde então, mas apesar de todo o conhecimento acumulado, ainda hoje, em pleno século XXI, não contamos com uma explicação satisfatória sobre a origem da humanidade. Ainda persistem perguntas como: quem somos nós? De onde viemos? Qual o sentido da existência? Para onde vamos?

As diferentes religiões procuraram fornecer as respostas para essas questões em uma tentativa de religar o homem à sua essência cósmica. Documentos valiosos, como a Bíblia, trouxeram esclarecimentos sobre a origem e o desenvolvimento progressivo do ser humano sob a abordagem espiritual, distanciando-se do plano físico da matéria e, portanto, da teoria científica. De outra parte, os cientistas buscaram explicar a origem humana a partir dos meios materiais e, com isso, se enredaram em incoerências e pontos obscuros, sem conseguir encontrar a luz do saber.

O fato incontestável é que o planeta Terra foi estruturado para que surgissem as necessárias condições para a vida humana, possibilitando a penetração e o desabrochar do elemento espiritual na Terra. No entanto, ao longo dos séculos, o homem, com seu livre-arbítrio, passou a fazer escolhas e tomar decisões que acabaram transformando o mundo em um lugar perigoso para se viver. E a cada ano que passa, as condições de vida se tornam mais difíceis. Os personagens do livro não se conformam com isso e partem em busca de explicações dos desatinos da humanidade. Querem entender por que Darwin e suas descobertas se tornaram fonte de disputas daqueles que, com arrogância, se julgam superiores e donos do mundo.

Em uma época de tantas turbulências no planeta, o livro focaliza as incoerências do viver humano, tendo como objetivo oferecer, por meio da ficção, uma nova visão do mundo que leve à reflexão sobre o real sentido da existência e o papel e a responsabilidade de cada indivíduo para uma vida mais harmônica e produtiva. Usando como ponto de partida a teoria evolucionista de Charles Darwin e fatos históricos, a trama mescla realidade e fantasia para que o leitor acompanhe a curiosidade e o empenho dos personagens, embarcando na incrível façanha de não desistir de descobrir a origem do ser humano, sempre cercada de tantos mistérios, e questionar sobre o que teria dado errado no percurso da evolução no ambiente terrestre. Estamos nos encaminhando para a insustentabilidade do planeta ao ultrapassarmos o consumo em mais de 30% de sua capacidade de reposição. Em paralelo, estamos enfrentando uma fase de alterações climáticas, muita inquietação social e insatisfação com a situação econômica, e o surgimento de novas doenças epidêmicas.

Urge o despertar geral para a busca do elo perdido e para a compreensão do significado da vida e do funcionamento das leis naturais da Criação. É chegada a hora de preencher as lacunas do conhecimento. Para tanto, cientistas, religiosos, empresários, políticos, assim como todos os habitantes da Terra, deverão despojar-se de seus dogmas e fanatismos para buscar o conhecimento que levará à construção de um mundo melhor, com paz, felicidade e verdadeiro progresso.

Já na primeira infância, os cérebros das crianças são alimentados por imagens de mentira, insatisfação, medo, ódio, violência. Cérebros desconectados da alma que são preparados para o que de pior o homem pode produzir, seja nas elites ou nas periferias degradadas. Os estudiosos descobriram que nos primeiros anos de vida se forma o arcabouço básico das conexões cerebrais. As novas gerações estão sendo submetidas a intenso bombardeio de imagens e sons cujos efeitos ainda são desconhecidos, mas que seguramente afetam o pensar e o sentir intuitivo.

Falta o reconhecimento do significado da vida; faltam alvos enobrecedores que estabeleçam como prioridade a meta do progresso real da humanidade, espiritual e material, do presente e do futuro, para o benefício de todos, para que os seres humanos cumpram sua real finalidade da evolução e sejam felizes. Sem o envolvimento das novas gerações nesse alvo, o futuro se tornará incerto e ameaçador.

O mundo está necessitando de uma profunda mudança. As pessoas estão ansiando por um novo modo de vida menos desgastante, que não destrua o meio ambiente e que propicie evolução real. O livro *O Segredo de Darwin* fala sobre tudo isso.

Benedicto Ismael Camargo Dutra

Capítulo 1

Confusão na Praça

Uma multidão, a maioria composta por estudantes, professores e personalidades da área científica e do mundo acadêmico, além de artistas e autoridades, reúne-se no pátio em frente ao Christ's College, que pertence à Universidade de Cambridge, no Reino Unido, para homenagear o bicentenário de um dos mais célebres de seus estudantes: o naturalista inglês Charles Robert Darwin, mundialmente conhecido como o pai da teoria sobre a evolução das espécies, obra que ainda hoje desperta curiosidade e fomenta discussões entre estudiosos de vários ramos da ciência.

Interrompendo a palestra proferida por Bruce Kenneth, filósofo e renomado professor da Universidade, um grupo de jovens munidos com cartazes, apitos e tambores grita palavras de protesto: "Abaixo Darwin e as mentiras sobre a criação. Blasfêmia!". Robert, um rapaz loiro de 20 e poucos anos e líder dos baderneiros, escoltado por outros de seu grupo, sobe ao palanque armado para os festejos, arranca o microfone das mãos do professor Kenneth e diz em tom exaltado:

– Como é possível que tantas pessoas queiram homenagear um homem que apregoou tantas mentiras sobre a criação e a origem dos seres humanos? Vocês não têm vergonha? É um insulto acreditar que a raça humana descende dos primatas e não foi obra da vontade do Criador. Esse blasfemo deveria ter sido queimado em fogueira, como as bruxas, por disseminar tantas heresias que até hoje servem apenas para confundir e afastar as pessoas dos reais objetivos da vida na Terra.

Inconformado com o que ouvia, Oliver, outro jovem que estava na plateia, não se conteve e, com grande agilidade, subiu ao palanque, empurrou Robert e lhe arrancou o microfone das mãos para retrucar:

– Darwin foi um grande pensador e o maior naturalista de todos os tempos. Em momento algum ele negou a existência de Deus, mas comprovou, por meio de estudos e experimentos, suas teorias sobre a evolução, desafiando a ignorância e a prepotência de sua época. Só os espiritualmente indolentes não querem ver isso. Além de tudo, ele deixou um estudo ainda mais controverso e contundente que até hoje não foi revelado, mas que em breve será conhecido não só pela comunidade científica, mas por todos.

O rapaz loiro, com o ego ferido e visivelmente irado, prontamente reagiu, socando seu adversário, que foi ao chão. Os amigos de Oliver vieram em sua defesa e, em poucos instantes, a pancadaria se generalizou. O tumulto atingiu grandes proporções e só teve fim com a chegada da polícia e de uma tropa de choque que dispersou a multidão com uso de gás lacrimogêneo.

Em uma das salas da Universidade, o professor Kenneth, amparado por outros acadêmicos, tentava se recuperar do susto, tomando um copo de água oferecido por Henrique Zaion, um ex-aluno que acabou se tornando um de seus mais queridos amigos.

Zaion compunha o corpo docente da instituição e deveria ministrar a palestra seguinte naquele evento que marcava o início de uma série de homenagens a Darwin, programada pela Universidade de Cambridge para o ano todo.

– Mas que coisa abominável. Como uma festa tão bonita pôde ser interrompida por essa violência gratuita e absolutamente sem propósito? Não me conformo! – protestou o professor.

– Meu caro amigo – disse Zaion, em tom apaziguador –, não se deixe abalar pelo ocorrido. Foi desagradável, sem dúvida, e um desrespeito a um dos maiores pensadores da história da humanidade. O lado positivo é que esse incidente mais uma vez demonstra que estamos incorrendo em erro quanto ao conteúdo dos conhecimentos que estamos transmitindo às novas gerações. Apesar da confusão, felizmente não houve maiores danos e ninguém foi ferido. Tente se acalmar.

E, aproximando-se do amigo, falou ao seu ouvido:

– Lembre-se de que mais tarde vou precisar de sua ajuda para aquele outro assunto do qual lhe falei hoje de manhã.

– Sobre aquele outro estudo que teria sido feito por Darwin pouco antes de sua morte e que desapareceu misteriosamente? – mencionou Kenneth.

– Fale baixo, as paredes têm ouvidos – censurou Zaion, quase sussurrando, para que os demais que estavam na sala não os ouvissem. – Precisamos ser cautelosos. Podemos conversar melhor à noite, em minha casa, reunidos com os outros membros da Fraternidade. Posso contar com você?

– Estarei lá, pontualmente, às 20 horas, como combinado. Não se esqueça de providenciar meu scotch – brincou o professor.

Por ser um homem bastante culto, Zaion, além de professor nos cursos de pós-graduação da Universidade de Cambridge, da qual foi um dos mais brilhantes alunos, também era conhecido como Master, por presidir a Fraternidade Ametista, uma organização criada há muitos séculos, dedicada ao estudo das antigas civilizações e de informações sigilosas coletadas por outras sociedades secretas e esotéricas, igualmente preocupadas com o progresso espiritual da humanidade, e composta por estudiosos de vários países. Apesar de seu grande conhecimento erudito, Master era uma das raras pessoas que ainda conservava ativa sua intuição.

Antes de entrar no carro, Zaion voltou seu olhar para admirar mais uma vez a fachada do Christ's College, local onde Charles Darwin estudara no período de 1828 a 1831, época em que conheceu o professor John Henslow, seu grande mentor e amigo, que poucos anos mais tarde o convidaria a integrar, como naturalista, o grupo de estudiosos que realizou uma importante viagem ao redor do mundo a bordo do veleiro *HMS Beagle* durante cinco anos. Essa expedição forneceu a ele o conhecimento e a base para o desenvolvimento de uma obra que o tornou célebre na história humana.

Zaion sentia grande orgulho de ter estudado e de lecionar na Universidade de Cambridge, considerada a segunda maior instituição de ensino superior do mundo e que, ao longo de seus 800 anos, graduou alguns dos mais proeminentes cientistas, escritores e políticos, dentre os quais os físicos Isaac Newton e Ernest Rutherford, o economista John Maynard Keynes, o filósofo e matemático Bertrand Russell e o matemático Andrew Wiles. De Cambridge, no total, saíram 82 vencedores do Prêmio Nobel. Contudo, apesar de todo esse glorioso histórico da instituição, Zaion sentia nitidamente que a educação formal havia se degradado ao longo dos anos, passando a apresentar lacunas intransponíveis que retardaram o progresso real da humanidade.

Ao entrar no carro, Zaion notou um rapaz ruivo que saía de um dos prédios, olhando cuidadosamente para os lados, para se certificar de que não havia mais ninguém no pátio. Era Oliver, o jovem que poucos minutos antes havia sido um dos protagonistas daquele triste e violento espetáculo. Ele exibia um grande hematoma no olho direito e mancava. Ao ver Zaion, o rapaz deu meia volta e apressou o passo. Master saiu do carro e começou a andar na direção do rapaz, chamando-o:

– Ei, espere aí, quero falar com você.

Um carro preto, com uma linda moça ao volante, surgiu do outro lado da rua e brecou bruscamente para que Oliver pudesse entrar, arrancando em seguida, a toda a velocidade.

"Por que ele não quis falar comigo?", pensou Zaion, lembrando o que o rapaz dissera naquele palanque. Ele havia mencionado o estudo que Darwin supostamente teria concluído antes de sua morte e que até hoje não fora encontrado. Coincidentemente, esse seria o tema do encontro com os membros da Fraternidade naquela noite. "O que mais será que ele sabe?", questionou.

Master sequer imaginava que Oliver era, na verdade, um idealista e que, diferente da maioria dos jovens, estava inconformado com a decadência geral, inclusive no ensino, e com o que estava sendo transmitido às novas gerações a respeito da origem do ser humano. Ele ansiava por uma educação autêntica, em conformidade com as leis naturais, que fosse capaz de mostrar aos jovens a origem e o verdadeiro sentido da vida e, assim, contribuir para formar indivíduos autônomos, possibilitando-lhes explorar melhor suas capacitações inatas e contribuir para a melhora das condições de vida no planeta. Foi esse posicionamento que o fez perder a serenidade, descontrolar-se emocionalmente e agredir o outro jovem naquela tarde. Repensando sobre tudo que ocorrera, ele se arrependia por ter sido tão impulsivo e por ter reagido à provocação com violência.

Capítulo 2

O Segredo sobre a Origem do Ser Humano

"É interessante contemplar uma ribanceira cheia de vegetação, com plantas de muitas espécies, pássaros cantando nos arbustos, com muitos insetos voando e vermes se arrastando pela terra úmida e refletir que essas formas elaboradamente construídas, tão diferentes umas das outras e mutuamente dependentes de maneira tão complexa, foram produzidas por leis que atuam à nossa volta."
(Charles Darwin, A Origem das Espécies)

Às 20 horas, com pontualidade britânica, os integrantes da Fraternidade Ametista chegaram à residência de Henrique Zaion. Situado nos arredores da cidade de Cambridge, o belo casarão em estilo colonial pertencia à família de Master havia várias gerações e se destacava pelo magnífico jardim que o circundava. Zaion fez questão de receber seus convidados, abraçando cada um calorosamente. As primeiras a receber as honras foram as gêmeas Bárbara e Brenda Sinclair. As sexagenárias e bem-humoradas senhoras, como de praxe, chegaram carregando uma grande cesta repleta de muffins e bombons produzidos pela indústria de doces que ambas mantinham há vários anos em Londres, guloseimas que eram bastante apreciadas por todos do grupo.

– Trouxemos esses quitutes para adoçar os ânimos e alegrar os corações – adiantou Brenda, dando uma piscadinha para Zaion.

– Gentis e alegres como sempre! Sejam bem-vindas, minhas queridas amigas – devolveu o anfitrião.

Zaion também recebeu com entusiasmo os demais integrantes, como o casal mexicano Viveca e Humberto Sanches, o italiano Carlo Arnaboldi, o espanhol Ivan Ruiz, o francês Jean Baptiste Louber, o africano Malik Wambua e o professor Bruce Kenneth.

Depois que todos se acomodaram nos confortáveis sofás e poltronas da sala já aquecida por uma lareira, Zaion começou a falar:

– Agradeço a presença de todos nesta noite. Como vocês sabem, haverá uma reunião da Liga dos Líderes na próxima semana e gostaria de poder levar alguns dados mais concretos a respeito dos estudos que iniciamos sobre o legado de Darwin e quanto às nossas preocupações referentes aos rumos da educação. Hoje à tarde tivemos um incidente na Universidade que interrompeu a palestra do professor Kenneth e transformou o evento em tumulto. O que me deixou bastante intrigado foi um rapaz ruivo que fez alusão ao documento perdido de Darwin, justamente o tema de nosso encontro desta noite. E como não acredito em coincidências...

– Eu estava lá e sei quem é esse rapaz – interrompeu Carlo Arnaboldi, chamando para si a atenção de todos na sala. E continuou: – Bem, na verdade, eu não o conheço propriamente, mas já o vi no grupo de estudos de minha filha Patrizia, que está cursando Ciências Sociais na Universidade. Pelo que me lembro, ele namora Penélope, a melhor amiga de Patty.

– E você tem ideia de como ele ficou sabendo do documento? – questionou Zaion.

– Não, mas vou falar com Patrizia para ter mais informações sobre ele e vou tentar contatá-lo – respondeu o italiano.

– É uma boa ideia, mas vá com calma. Eu tentei falar com ele quando o vi saindo de um prédio depois que tudo se acalmou, mas o rapaz parecia um tanto assustado e entrou em um carro que saiu a toda a velocidade – justificou Zaion.

– Bem, senhores – continuou Master –, vamos dar início à reunião e discutir o assunto que nos trouxe aqui esta noite. Como é do conhecimento de todos, o naturalista Charles Darwin mostrou, por meio de seus estudos, que a evolução das espécies e adaptação dos organismos são fatos comprovados. No entanto, restou uma grande dúvida quanto à real essência e origem do ser humano. Sabemos que o corpo humano resultou de um processo evolutivo, uma vez que, como qualquer ser vivo, não surgiu na Terra totalmente pronto. E a essência espiritual não resultou da evolução das espécies, pois preexistia.

– Exatamente – interrompeu o professor Kenneth. – Darwin queria descobrir os segredos da natureza, mas se preocupava com a forma como os homens se vangloriavam de sua restrita sabedoria sem sequer imaginar o quanto estavam distantes de conhecer o real funcionamento da natureza. Não entendia como a humanidade acreditava e defendia teorias sem sentido e que não tinham nenhum paralelo com a realidade. Essa ignorância os incapacitava de perceber o funcionamento das leis naturais, grandiosas em sua dinâmica harmônica.

– E esse comportamento acabou gerando muita confusão e controvérsias, envolvendo ciência e religião, pois não se conseguiu preencher a lacuna que liga o surgimento do ser humano capacitado a tomar decisões, ao processo evolutivo – completou Viveca Sanches.

– Darwin passou anos viajando pelo mundo – retomou Zaion – e se empenhou em examinar a dinâmica da natureza em diferentes regiões, percebendo a unidade de funcionamento através da grande diversidade e variedade de espécies animais e vegetais. Mas suas conclusões chocaram-se com as noções dogmáticas que determinavam o comportamento humano da época. Por isso, acredita-se que ele elaborou outro estudo, em paralelo à teoria da evolução das espécies, que preferiu não levar ao conhecimento público para não criar maiores controvérsias. E nossa missão é justamente encontrar esse estudo.

– Mas não está comprovado se esse estudo realmente foi elaborado por Darwin ou por algum de seus seguidores, não é? – indagou Malik Wambua.

– Realmente não, *darling* – rebateu Brenda. – Mas mesmo assim ele deve trazer informações importantes que possam nos levar a compreender a origem da humanidade e por que nos diferenciamos tanto das demais espécies.

– Justamente, Brenda – disse Zaion. – E eu os chamei aqui esta noite porque recebi um telefonema de nosso querido amigo frei Benvindo que me deixou bastante empolgado. Ele tem uma verdadeira paixão por livros e está comandando um projeto em uma comunidade carente no Brasil que visa incentivar crianças e jovens para o hábito da leitura. Nosso amado frei está montando uma biblioteca e tem recebido doações de livros de todas as partes do mundo.

– Não me diga que ele encontrou o documento – disse Bárbara em tom jocoso.

– Isso mesmo – disse Zaion, surpreendendo a todos.

Logo se instalou um burburinho, com todos falando ao mesmo tempo.

– Acalmem-se, por favor – disse Zaion em tom um tanto autoritário. – Deixem-me continuar. Frei Benvindo recebeu cerca de dez caixas repletas de livros antigos, entregues por um senhor bastante idoso, que não quis se identificar. Ele tinha um sotaque inglês e lhe disse apenas que estava de mudança e precisava se desfazer de alguns objetos. Como soube do projeto da biblioteca, decidiu colaborar. E saiu sem dizer mais nada.

– Mas eram apenas livros antigos? O que mais havia nas caixas? – indagou Jean Baptiste.

– Pelo que entendi havia apenas livros – respondeu Zaion.

– E onde estava o estudo? – questionou Ivan Ruiz. – Trata-se realmente do documento perdido de Darwin? É autêntico?

– Acalme esse seu sangue espanhol, homem. Você está deixando o Master tonto com tantas perguntas – falou Bárbara, procurando desanuviar um pouco o clima tenso que havia se instalado na sala.

– Meus caros, eu também fiquei bastante surpreso e, como vocês, tenho muitas perguntas. Vocês sabem muito bem que não acredito em coincidências, sempre há um nexo. Por isso estou bastante intrigado. Como é que esse documento foi aparecer assim, como se tivesse caído do céu, e foi parar diretamente nas mãos de um membro da Fraternidade Ametista, justamente quando começamos a pesquisar sobre ele? E quem mais sabe sobre isso? Afinal, essa informação deve ter vazado. Caso contrário, o tal rapaz, como é mesmo o nome dele?

– Oliver – ajudou Arnaboldi.

– Isso mesmo, Oliver. Como ele poderia saber disso, se até o início deste ano nós sequer suspeitávamos da existência desse estudo? – continuou Master.

– Então, Zaion, o que você espera de nós? O que podemos fazer para ajudar? – disse Malik.

– Eu gostaria que vocês me ajudassem a analisar esse documento e atestar sua autenticidade – respondeu Master. – Se realmente for o que estamos procurando, acredito que teremos acesso a um conhecimento valioso e poderei falar sobre essa descoberta no encontro da Liga dos Líderes na próxima semana. Se quisermos auxiliar a humanidade, temos de descobrir o que há por trás disso tudo. Talvez esse documento possa explicar a causa da decadência dos povos. Infelizmente, frei Benvindo não poderá se reunir conosco, mas disse que enviou um emissário de sua inteira confiança que trará o documento até nós. Ele chegará amanhã à tarde. Posso contar com vocês?

– Claro que sim. E acho que falo por todos – disse Humberto Sanches, olhando para o grupo. Todos confirmaram, acenando a cabeça em sinal positivo.

– Ótimo. Tinha certeza disso. Bom, agora vamos para a outra sala para relaxar um pouco e provar os deliciosos quitutes que as irmãs Sinclair trouxeram, acompanhados de um chá bem quentinho – disse Zaion, levantando-se e conduzindo a todos para a sala de jantar.

– Eu prefiro um conhaque, se você não se importa – disse Bárbara, com expressão marota.

– E não se esqueça de meu scotch – emendou o professor Kenneth, arrancando uma gargalhada de seus companheiros.

– Há bebidas e comidas para todos os gostos – disse Zaion, abrindo a porta da sala de jantar, onde havia uma mesa ricamente posta com pães, tortas, frutas, doces, vários tipos de chá, sucos e outras bebidas. – Sirvam-se à vontade, meus amigos, porque amanhã teremos muito trabalho.

Capítulo 3

A Caixa Dourada

Zaion teve um sono agitado naquela noite. A ansiedade para saber o que continha o misterioso documento o perturbou. Na escuridão do quarto viu Annunziata Campobianco, a mulher que conhecera em vidas passadas e que frequentemente o visitava em seus sonhos. Ela caminhou até ele e, estranhamente, quanto mais tentava se aproximar, mais se afastava. Com expressão aflita, ela tentava lhe dizer algo, porém sua voz não podia ser ouvida. Zaion tentou ir ao encontro da amada, mas não conseguia sair do lugar, percebendo que seus braços e pernas estavam acorrentados. Depois de muito esforço, finalmente conseguiu soltar as mãos e quando se agachou para libertar as pernas das correntes notou que a seu lado havia uma grande caixa dourada. Tomado pela curiosidade, abriu a caixa e dela saíram várias serpentes que logo começaram a se enroscar em todo o seu corpo. Ele deu um grito e acordou assustado, precisando de alguns segundos para se dar conta de que havia sido um pesadelo.

Ofegante, caminhou até a janela e a abriu para entrar um pouco de ar fresco. Eram 6 horas da manhã de um dia que prometia ser frio e chuvoso. O sonho o deixou bastante preocupado. Sem dúvida era uma advertência para que permanecesse vigilante, pois algo ruim estava para acontecer. Zaion era um homem extremamente inteligente e culto, mas apesar de sua exacerbada racionalidade, possuía também uma intuição ativa e se fiava muito mais nela para tomar decisões do que em seu lado racional. Questionava mentalmente o que Annunziata tentara lhe dizer, sem sucesso. E todas aquelas serpentes não podiam significar nada de bom.

As horas demoraram muito para passar naquele dia e a agonia da espera teve fim apenas ao entardecer, quando finalmente chegou o professor Reinaldo Gonçalves, o emissário enviado por frei Benvindo. Aparentando bem menos que seus 50 e poucos anos, talvez pela forma despojada de se vestir, o acadêmico era um renomado antropólogo brasileiro, autor de vários livros e professor da Universidade de São Paulo. Apesar de não pertencer à Fraternidade Ametista, tinha em comum com os membros da associação o legítimo interesse em descobrir a origem da humanidade e desvendar os mistérios que a cercam. Descontente com a decadência do ensino e o desinteresse de muitos estudantes, o professor havia deixado de lecionar cerca de dois anos atrás, passando a se dedicar às pesquisas e aos estudos antropológicos para a Universidade. Reinaldo era também simpatizante das causas humanitárias e trabalhava como voluntário da ONG comandada pelo frei Benvindo.

– Você deve ser o famoso Henrique Zaion – disse o professor, assim que Master abriu a porta. – Muito prazer, sou Reinaldo Gonçalves – continuou, abrindo um largo sorriso e estendendo a mão para cumprimentá-lo.

– Por favor, entre e fique à vontade – disse Master, ajudando o visitante a retirar a capa ensopada pela chuva e conduzindo-o à sala para que pudesse se aquecer junto à lareira. – Espero que tenha feito uma boa viagem.

– Fiz sim, obrigado. Mas estava ansioso para chegar logo e lhe entregar isto – disse o professor, retirando de sua valise uma caixa dourada.

Por um momento, Zaion ficou sem ação e parecia que o ar lhe faltava. Era a mesma caixa que havia visto em sonho. Tentando disfarçar sua surpresa, misturada com a apreensão, Master pediu ao visitante que colocasse a caixa sobre a mesa, no centro da sala, e dirigiu-se ao bar.

– Aceita um scotch? – perguntou Zaion, já se servindo, pois ele necessitava de uma pausa para recuperar o equilíbrio, e um gole da bebida seria adequado naquele momento.

– Aceito sim, obrigado. Adoro a Inglaterra, mas não seu clima frio e úmido – reclamou Reinaldo.

– Este drink irá ajudá-lo a se aquecer – disse Zaion, entregando-lhe o copo. – Bem... Vamos à nossa encomenda.

Ele respirou fundo, abriu a caixa e surpreendeu-se ainda mais quando retirou dela uma espécie de caderno em cuja capa havia o desenho de um brasão em que se via uma coroa, um elmo e três serpentes que saíam por trás de um escudo.

– Reconhece esse brasão? – perguntou o acadêmico ao perceber a reação de Zaion.

– Na verdade, parece familiar, mas não consigo me lembrar com exatidão – disse Master, tentando disfarçar a emoção.

– Pesquisei sua origem e, ao que tudo indica, é o símbolo de uma sociedade de estudos inglesa à qual Charles Darwin supostamente teria pertencido – esclareceu Reinaldo.

– Você leu as anotações contidas nesse caderno? Acredita que sejam de Darwin? – questionou Zaion.

– Eu prefiro que você leia o documento primeiro e depois falaremos a respeito. Não quero influenciá-lo com minhas impressões. Agradeço o drinque e a acolhida, mas preciso voltar ao hotel em que estou hospedado. Viajei acompanhado de minha esposa e ela está me esperando para jantar. Imaginei que você estaria bastante ansioso para ler o documento, por isso o trouxe o mais depressa que pude. Estude-o com calma e amanhã nos falaremos, está bem? – disse o professor, já vestindo novamente a capa e se dirigindo para a porta.

Zaion passou boa parte da noite estudando o documento. E a cada página que lia, mais atônito ficava. No dia seguinte, Master convocou seus amigos da Fraternidade Ametista e também o professor Reinaldo para uma nova reunião em sua casa.

– Obrigado a todos por terem prontamente atendido ao meu chamado – disse Zaion, dando início ao encontro. Li atentamente as anotações deste caderno, mas não acredito que sejam de autoria de Charles Darwin, apesar de a letra parecer com a dele e da assinatura no final do documento estar um pouco borrada.

– Você acha que esse estudo não é autêntico? – perguntou Carlo Arnaboldi.

– Devo confessar que estou confuso. A forma de apresentação e de argumentação, além da caligrafia, entre outros detalhes, leva a crer que essa teoria tenha sido formulada por Darwin. Talvez este seja o documento que ele preferiu não divulgar enquanto vivo e que ficou guardado durante todo esse tempo. Contudo, as conclusões a que chega são as de que o processo de adaptação e de mutação dos seres humanos acompanhou a seleção natural, cabendo o comando dos grupos aos que possuíam raciocínio e astúcia, levando a crer que o cérebro é nossa principal arma. A teoria descrita nesse documento propõe o isolamento do eu interior e enaltece a tomada do poder a partir do uso exclusivo do raciocínio frio e calculista, e que o desenvolvimento humano se deu a partir do momento em que a racionalidade passou a ser valorizada e usada para a obtenção de riquezas e de bens materiais por quaisquer meios, sem pudor. O ponto mais crítico incita os homens a aspirarem riquezas e os prazeres mundanos, tidos como os principais objetivos da vida. "Só os mais aptos sobrevivem. Sede inteligentes para tomar o domínio da Terra. Lutai e vencei, atacai e conquistai, fazendo dos vencidos e dos fracos vossos escravos", diz um dos trechos. Isso não pode ter sido escrito por Darwin. O que você acha? – questionou Zaion, dirigindo-se ao professor Reinaldo.

– Eu também tenho dúvidas, devo confessar, porque me parece uma postura contrária à de Darwin. Não podemos ignorar que Darwin ficou francamente escandalizado com o trabalho escravo no Brasil, em sua passagem pelo país quando integrava a expedição do *Beagle*. Mas, ao mesmo tempo, a letra e a assinatura parecem autênticas – respondeu.

–Acho que devemos estudar esse documento com maior critério. Gostaria que as irmãs Sinclair e o casal Sanches se dedicassem a analisá-lo, já que são peritos nesses assuntos. Já decidi que não falarei sobre isso no encontro da Liga dos Líderes que acontecerá na próxima semana – sentenciou Zaion. Master pensava que tal documento não poderia vir a público para não servir de justificativa para aqueles cujo interesse era manter a população apática, sem objetivos mais nobres. O documento serviria apenas para que fosse possível observar a desarmonia provocada pelo uso exclusivo do raciocínio, em detrimento da intuição, a voz interior, e que através da hereditariedade, através do DNA descoberto pelos pesquisadores, acabou provocando mutações no corpo humano, sobretudo no interior e exterior da caixa craniana, seguindo a lei da adaptabilidade que estipula o atrofiamento de órgãos que deixam de ser utilizados, fortalecendo os outros, no caso, o desenvolvimento do cerebelo ficou estagnado, enquanto a parte anterior do cérebro recebeu impulso maior.

Master sabia que muitos pesquisadores que estudavam a evolução humana andavam à procura do reconhecimento das causas da decadência e estiveram no encalço dos fatores que possibilitaram o ingresso do misticismo, fetichismo, ilusão e decadência moral e espiritual, logo acolhidos pelas sociedades. O fortalecimento unilateral, e o consequente domínio do cérebro anterior, passaram a despertar nos homens sensações de poder até então desconhecidas. Passaram a acreditar que eram senhores de tudo e que o homem é o senhor da mulher. O documento também adulava o sexo feminino, sob o argumento de que a serpente é astuta e poderosa e, como a mulher, conhece o segredo do prazer.

O elevado saber sobre o significado da vida e suas conexões espirituais, o qual havia sido pacientemente conquistado ao longo de séculos e transmitido de geração em geração, foi sendo contaminado com mentiras e com a busca pura e simples de poder e satisfação das paixões inferiores. Master havia compreendido que em um dado ponto da trajetória evolutiva, os humanos passaram a dirigir suas atenções exclusivamente para as aquisições terrenas e que a verdadeira vida, que tem como base as emoções, o coração e a espiritualidade, foi extraviada e mais tarde ignorada nas teorias e nos estudos sobre a evolução, pois para isso faltou tempo e interesse. Ele intuía que as investigações a esse respeito passaram a ser temidas e até odiadas por muitos, e aqueles que se esforçavam nessa direção, por não se contentarem com as formas errôneas de estudar o desenvolvimento humano, eram considerados perturbadores da ordem e, muitas vezes, perseguidos.

O professor Reinaldo Gonçalves interrompeu o silêncio instaurado na sala por alguns momentos.

– Acho que Zaion está certo. Devemos ser bastante criteriosos enquanto não tivermos certeza sobre a autoria desse documento. É melhor que ninguém mais saiba sobre ele. Quero também aproveitar a presença de todos para falar sobre outros importantes estudos a respeito do cérebro humano descobertos por um grupo de pesquisadores em Nairóbi. As análises revelaram que os primeiros seres humanos tinham, na caixa craniana, um conjunto harmônico formado pelo cérebro e cerebelo, os quais deveriam ser desenvolvidos em paralelo. O cerebelo tinha a função de atuar como se fosse uma antena apontada para o céu, servindo como uma espécie de ponte levadiça que dava acesso a um mundo mais nobre e refinado. Já o cérebro e a racionalidade possibilitariam a integração do homem ao mundo material. Com base nisso, acredita-se que, na fase inicial da presença do ser humano na Terra, eles viviam de forma simples e natural, pois dispunham de tudo de que necessitavam através da natureza. Um longo período se passou até o homem assumir conscientemente o exercício de seu livre-arbítrio, ciente de sua responsabilidade.

– E as novas gerações passaram a utilizar mais e mais o cérebro, privilegiando o raciocínio – continuou Reinaldo. – Posteriormente, os povos que deram primazia a essa parte, deixando o cerebelo inativo, romperam a conexão com o eu interior e ficaram embrutecidos, involuindo como o "homem de Neanderthal", povo cuja existência foi constatada há aproximadamente 100 mil anos e que regrediram como seres humanos. As ossadas descobertas por J. C. Fuhlrott, em 1856, na gruta de Feldhofer, no vale de Neander, levaram a crer que esses seriam os primeiros ancestrais da espécie humana, o que posteriormente constatou-se não ser verdadeiro, diante das novas descobertas de crânios humanos que remontam sua existência para milhões de anos.

Em sua explanação, Gonçalves também mencionou os estudos do paleontólogo queniano Richard Erskine Frere Leakey, nascido em 1944, em Nairóbi, e que era um defensor da ideia de que a espécie humana remonta há cerca de 3 milhões de anos, uma vez constatados três diferentes tipos de hominídeos: o *Australopitecus boisei*, o *Australopithecus africanus* e o *homo Habilis*, sendo que apenas este último teria sobrevivido, dando mais tarde origem ao *Homo sapiens* e ao homem atual. Essa teoria seria depois desenvolvida na obra *The Making of Humankind* (1981), apresentada em uma série televisiva da BBC de Londres.

– Por isso esse estudo que acabamos de encontrar me deixou intrigado. Ele leva a uma compreensão contrária a tudo isso que você acaba de mencionar – disse Master. – Como é de conhecimento de todos, a escritora Roselis von Sass, em seu livro *Os Primeiros Seres Humanos*, destaca que a origem do ser humano não foi sempre um mistério impenetrável. Os povos dos tempos primitivos conheciam as conexões de sua existência na Terra através da intuição, a qual recebia conhecimentos superiores com clareza, transmitindo-os ao cérebro, mas as interferências na fisiologia humana provocaram o fortalecimento do cérebro, o que prejudicou o trabalho conjunto com o eu interior, a consciência. A história da humanidade ensinada hoje, de modo geral, é cheia de lacunas e incoerências. A espécie que deu origem ao corpo do ser humano passou por um longo período de desenvolvimento, mas extinguiu-se. Roselis deu a essa espécie de nobres e altamente desenvolvidos animais a denominação de Babais. Ainda segundo Roselis, há 3 milhões de anos surgiram os primeiros seres humanos e nossa Terra parecia um paraíso de beleza tropical. O clima quente e uniforme favorecia o crescimento, com uma incrível multiplicidade de espécies dos reinos animal e vegetal. O que nos interessa agora é descobrir por que a humanidade não prosseguiu na rota ascendente desviando-se de seu caminho natural de se tornar cada vez mais humana, e o que se pode fazer para recuperar o tempo perdido.

– Exatamente – interrompeu o professor Bruce Kenneth. – Devo acrescentar a essa discussão que o escritor e bioquímico russo Isaac Asimov destacou que os enormes hemisférios cerebrais distinguem o ser humano de todas as demais criaturas. Ele também percebeu que o cerebelo, com seus hemisférios, é responsável por muitas funções como, por exemplo, a de calcular a distância e o movimento de braços e mãos para alcançar determinado objeto. Atualmente já foi descoberto que o cerebelo exerce um importante papel na sintonia fina que estaria apta a reconhecer as leis que regem o universo, e na coordenação dos pensamentos e movimentos, mas infelizmente a ciência ainda está longe de compreender amplamente a função e a importância do cerebelo.

– Passamos toda a nossa vida sendo condicionados – disse Viveca Sanches. – Parece que nosso cérebro se habituou a esperar determinados resultados após determinadas ações. Ou seja, quando esperamos que algo aconteça, misteriosamente aquilo de fato acaba acontecendo. E com o cerebelo desativado, o ser humano deixou de receber inspirações mais elevadas e passou a se contaminar com expectativas sombrias e negativas.

– O problema é exatamente esse, minha cara – disse Jean Baptiste. – Com o passar dos milênios, o raciocínio foi ganhando mais e mais influência sobre a vida das pessoas. Os seres humanos, que antes se guiavam pelo espiritual, tornaram-se seres de cérebro colocando o raciocínio em primeiro plano. Com isso, ficaram presos ao tempo e ao espaço, esquecendo-se de sua origem espiritual. E quando são submetidos a regimes fortes que inibem a liberdade poderão ir embrutecendo, perdendo as características de generosidade e bondade inatas que devem diferenciar a espécie humana.

– Por um longo período, os pesquisadores concentraram-se exclusivamente no desenvolvimento do cérebro e do raciocínio, deixando de lado o cerebelo, cuja função se tornou desconhecida – complementou Master.

Jean Baptiste aproveitou para falar do relato do escritor francês Jean Choisel, segundo o qual o homem possui um número limitado de sentidos para perceber a realidade exterior e cada sentido tem seus próprios limites. Por mais que os instrumentos de verificação sejam aperfeiçoados, também teriam um limite de capacidade para conseguir ver além das aparências.

Retomando a palavra, o professor Reinaldo salientou que a intelectualização não deveria ocasionar uma atrofia do cerebelo que se encontra rebaixado sob o cérebro na parte posterior da caixa craniana.

– A genética nos ensina que a função cria o órgão e, quando ele não é mais utilizado, ou então é pouquíssimo utilizado, atrofia, diminuindo suas dimensões. Os pesquisadores descobriram que as dimensões das paredes cranianas, que deveriam proteger o cerebelo, diminuíram ao longo dos milênios. Foi exatamente isso que os sábios antropólogos observaram com muito critério nas transformações progressivas do crânio humano. Segundo vários artigos científicos e relatórios analisados, a evolução do crânio e do aspecto humano se processou na direção de uma intelectualização permanente, tendo como consequência o desenvolvimento progressivo da caixa craniana e, ao mesmo tempo, um aperfeiçoamento permanente de circunvoluções do córtex cerebral. Ocorreu com a espécie humana em sua evolução o mesmo que se observa nas novas gerações, principalmente na primeira infância. A evolução dos indivíduos caminha na direção da braquicefalização, isto é, no alargamento do crânio. Estudos antropológicos mostram a tendência uniforme do aumento encefálico nas diversas regiões da Terra. Com isso, os crânios tornaram-se mais largos e menos compridos. Com o desenvolvimento da calota frontal do crânio, houve um encolhimento da nuca na parte posterior da cabeça, ou seja, o cerebelo não acompanhou o desenvolvimento do cérebro frontal.

– O crânio do homem – continuou o professor – foi alterado progressivamente até adquirir sua configuração atual. Assim, o ser humano, cuja característica é o espírito, se transformou no ser de cérebro, isto é, do cérebro do raciocínio, bloqueando o elo de ligação com sua origem espiritual. O cérebro do raciocínio teria de se desenvolver como o mais importante meio de auxílio para o ser humano, mas as proporções relativas das partes anteriores e posteriores de seu crânio não deveriam ser alteradas. Ambas deveriam se desenvolver ao mesmo tempo. A parte posterior da caixa craniana, que contém essa parte inferior do encéfalo, foi designada pelos neurologistas como "território desconhecido", exatamente essa parte cuja finalidade é a transmissão das inspirações do espírito e que, em outras épocas, era proporcionalmente mais desenvolvida do que é em nossos dias. Essa parte posterior do crânio diminuiu por causa da atrofia correspondente do cerebelo, e só a parte anterior, que contém o intelecto cognitivo, desenvolveu-se a ponto de o intelecto ocupar atualmente por si só a quase totalidade do campo da consciência diurna.

– Exatamente, meu caro professor – disse Master. – Hoje já se sabe qual é a importância do cerebelo na inteligência emocional e na coordenação motora do corpo. É o cerebelo que nos permite fazer cálculos de velocidade e distâncias quando estamos dirigindo no trânsito, por exemplo. O mais importante, porém, está esquecido: a função do cerebelo de captar informações em fontes inacessíveis ao cérebro, transferindo a este as impressões recebidas para que coordene as ações necessárias. Através do cerebelo, uma pessoa de intuição ativa pode captar avisos e advertências, por uma sensação qualquer, de uma coisa que se passa ao longe, inclusive a percepção da espiritualidade inerente ao ser humano.

Bárbara Sinclair também entrou na discussão, lembrando que, quando os seres humanos deixaram de ouvir a voz do espírito, que se manifesta através dos sentimentos intuitivos, teve início o longo processo de decadência.

– Muitos povos decaíram porque deixaram de ouvir a voz interior que os admoestava quando agiam de forma errada, mas agora a ameaça é real e atinge o conjunto da espécie humana, com o aparecimento de grande miséria e profundo sofrimento.

Ela também lembrou que foram feitas muitas pesquisas com o cérebro do físico Albert Einstein, descobrindo que este tinha peso de 1.230 gramas, inferior à média de 1.400 gramas, e também seu volume tinha quatro centímetros a menos. O mais interessante é que Einstein sempre dizia que dava muita importância para a imaginação criativa, pois suas ideias mais geniais apareciam de surpresa em forma de quadros. Para mim é evidente que nele o cerebelo estava atuante.

– É o que se passa hoje com a juventude – acrescentou o professor Kenneth. – Durante séculos negamos às novas gerações um saber real, gerando um sentimento de desânimo, de perda do interesse por tudo, o que leva os jovens a abandonar a escola por não encontrar nela a motivação do verdadeiro saber. Muitos jovens, não sabendo o que são, buscam compensação através de uma vida sexual desregrada e não raro se escravizam ao uso de drogas, enfraquecendo a si mesmos e à sociedade. O que se passa com a humanidade? Está se distanciando de si mesma, em vez de se tornar consciente. Está perdendo a visão real da existência, experimentando uma vida falsa de imitações. Na Inglaterra, cerca da metade da população jovem frequenta as universidades e, como nos demais países, esse contingente está sendo orientado pela regra da obtenção do lucro máximo e imediato, desconhecendo a trajetória do ser humano e sua desastrosa inserção no meio ambiente. A leitura, fonte da imaginação criativa, perde espaço continuamente. Os jovens estão perdendo o hábito de ler e de fortalecer a visão introspectiva.

– Por isso precisamos nos concentrar em encontrar uma forma de reverter esse processo e redirecionar a humanidade no caminho certo para que a paz e o progresso possam se tornar reais, pois a hora é essa em que o ser humano tem de conhecer sua origem para se tornar efetivamente humano – disse Zaion. – Pensei que esse suposto documento de Darwin nos daria mais elementos nesse sentido, mas, ao contrário, infelizmente esse documento induz à compreensão errada. O que temos de fazer é descobrir a origem e avaliar a autenticidade do documento que o professor Reinaldo nos trouxe. Depois, decidiremos como agir. Por precaução, não vou falar nada sobre isso na reunião dos Líderes.

Com uma sensação de desânimo, Master ficou refletindo sobre o atual cenário da humanidade e o que poderia ser feito em seu benefício. Assim como os organismos evoluíram, também o ser humano deveria ter se aprimorado, tanto na estrutura física e na boa aparência como no modo de proceder, seguindo sempre em frente com toda a força, crescendo interiormente, evoluindo. De repente nos damos conta do aumento da criminalidade, dos vícios, das paixões desenfreadas e nada é feito, e tudo vai piorando. A humanidade não consegue enxergar as precárias condições em que vive, deixando-se iludir facilmente. Como poderemos promover transformações para elevar a qualidade humana e das condições gerais de vida do homem, melhorar a formação familiar e a educação formal?

Capítulo 4

Século XXI em Debate

Finalmente chegara o tão esperado dia da reunião da Liga dos Líderes. Figuras exponenciais das nações de todos os continentes e seus assessores começavam a se acomodar em seus assentos no centro de convenções do suntuoso Palácio de Worcester, situado nos arredores de Londres. Ao entrar na sala, Henrique Zaion avistou Giorgio Dark, o mestre de cerimônias que, como de praxe, tinha a função de abrir os trabalhos e mediar os debates. Ele estava conversando com alguns líderes, mas sua expressão endureceu quando seus olhos encontraram os de Master. A animosidade entre ambos era notória. Dark não se conformava com o prestígio de Zaion e do quanto era respeitado pelas autoridades e acadêmicos do mundo todo. Em seu íntimo desejava encontrar formas de desacreditar o renomado professor e afastá-lo da gestão da Liga, mas procurava disfarçar seu desejo tratando-o com polidez, ainda que seu olhar o traísse inconscientemente.

Dark faz parte daquele grupo de pessoas revoltadas contra a transitoriedade da vida terrena, que só acreditam no que veem. São pessoas que ao longo do tempo deram total supremacia ao cérebro do raciocínio que se situa na parte frontal do crânio, o córtex, cuja natureza é restrita ao tempo e espaço. Com grande agilidade e astúcia esse tipo vai elucubrando seus planos de dominar.

Master Zaion também tinha um cérebro desenvolvido, mas havia mantido a intuição acesa como decorrência de não ter permitido que o cérebro do raciocínio assumisse o controle travando completamente o cerebelo, o cérebro da intuição, apto a receber a conexão de esferas mais elevadas, enquanto o cérebro frontal é sujeito unicamente a influências baixas.

Zaion também não nutria simpatia pelos modos de Dark. O que mais o incomodava era a maneira como ele costumava bajular os poderosos, tratando-os com falsa reverência e elogios. Toda vez que se encontravam, a intuição de Master o alertava para manter-se atento e não baixar a guarda para não responder com agressividade aos comentários irônicos e provocativos que Dark sempre lhe lançava. Para evitar um confronto desnecessário, Zaion cumprimentou de longe o mestre de cerimônias, com um breve aceno de cabeça, e logo se acomodou no lugar que lhe era reservado.

Observando os líderes já presentes na reunião, Zaion pensava em como alguns dos mais proeminentes membros da classe política descuidavam de sua função, priorizando o poder a qualquer preço, além de utilizar o dinheiro público e a posição ocupada para obter vantagens pessoais. Não percebiam que essa forma de agir contribuiu para criar um ambiente desfavorável à evolução da humanidade, fortalecendo a ideia de que a exploração do homem pelo homem é aceitável para se chegar ao poder e conservá-lo. Esse tipo de comportamento abriu um dos caminhos para a decadência geral.

Era desanimador e muito difícil para Zaion aceitar que, em pleno século XXI, ainda se cultuassem falsos valores. Não era apenas a decepção com grande parte dos políticos que o desalentava. Também o preocupava a maneira como grande parte das pessoas idolatrava o dinheiro. Desde longa data, o crédito funciona como a alavanca do consumo, mas em virtude da facilidade de sua obtenção, do inchaço financeiro e da diversidade de aplicações do capital, passou a vigorar a cultura de que o valor real não está na atividade produtiva, mas, sim, nas formas especulativas de se acumular riquezas. Não por acaso esse tipo de ação leva à formação de bolhas especulativas no mercado que, ao estourarem, acarretam perdas de grandes somas de dinheiro, mergulhando a sociedade em recessão e desamparo.

Esse *status quo* favorece a realização de greves e confrontos entre diversos grupos sociais, causando mais danos e promovendo o descontentamento e a sensação de revolta. O agravamento de situações como essas contribuem para levar à suposição errônea de que uma guerra global devastadora seja necessária para ajustar o cenário.

Guerras nunca são necessárias, mas sempre surgem como consequência de uma forma de viver divorciada do verdadeiro significado da existência e da necessidade da conquista da evolução ampla, tendo como alvo o acúmulo de riqueza e poder, mesmo que isso signifique destruir o meio ambiente e a sadia convivência entre os humanos. O mais triste é constatar que muitos cientistas e profissionais brilhantes acabam cooperando para a fabricação de artefatos bélicos que apresentam potencial destrutivo cada vez maior, ainda que não faltem estudiosos que trabalhem em oposição, alertando sobre o dramático cenário criado pela doutrina que visa justificar a utilização das armas nucleares sob os mais diversos pretextos.

Os pensamentos de Master foram interrompidos quando Giorgio Dark subiu à tribuna, dando início à reunião.

– Boa tarde. Em nome da Liga dos Líderes, gostaria de desejar a todos boas-vindas. É uma honra recebê-los neste encontro. Como é do conhecimento geral, hoje a principal pauta dos debates será sobre educação e a forma como deveremos conduzir as novas gerações para a busca da felicidade possível. Tomo a liberdade de colocar o primeiro tópico: a supremacia da razão.

Dark olhou para Zaion de forma provocativa e continuou:

– Acredito que devemos mudar a forma como estamos conduzindo nossos jovens. Hoje a educação está muito permissiva, resultado do comportamento de toda uma sociedade que alimenta a proliferação de uma série de conceitos e atitudes errôneas. Baboseiras ditas por grupos de ambientalistas afirmando que nossos recursos naturais estão se tornando escassos por conta da ação do homem são mensagens perigosas que podem colocar em risco o desenvolvimento industrial e de vários outros setores da economia. O pior é que essas ideias estapafúrdias ganham repercussão na mídia e nos programas televisivos de grande audiência. Há também professores que abraçam essas causas e acabam conduzindo os estudantes a pensar dessa forma. Na realidade, isso representa um grande perigo para o progresso mundial, pois muito do que é dito por supostos estudiosos do assunto não tem base científica e é produto de mentes que dão importância demasiada a intuições e não ao raciocínio lógico. Com base nisso, proponho não esmorecermos na metodologia de ensino que prioriza o uso da razão, estimulando o desenvolvimento do raciocínio lógico e objetivo, dando cada vez menos espaço para atitudes e pensamentos baseados na intuição.

– Mas isso é um absurdo – disse Zaion, não conseguindo conter sua indignação. – Dark, o que você está dizendo não tem fundamento, pois isso renega nossa essência humana.

E voltando-se aos demais presentes no salão, Master continuou:

– Devo lembrá-los que a palavra "homem" provém de "húmus", que significa terra fértil. Isso mesmo: nosso corpo vem da terra, o que nos torna intrinsecamente parte da natureza. Somos fruto de um majestoso desenvolvimento progressivo. No entanto, devemos tomar muito cuidado, porque como temos a tendência de não respeitar limites naturais, e de praticar ações nocivas a nós mesmos e a toda a natureza, ficamos subordinados às consequências de nossos atos. O problema é que, ao longo de nossa evolução, em vez de continuarmos colaborando com as leis naturais da Criação, optamos por um caminho perigoso que está, sim, contribuindo para destruir as próprias condições necessárias para a vida. E isso não é nenhuma baboseira, como disse Dark, mas a realidade. Ar puro, água potável, solo fértil não contaminado constituem elementos naturais básicos, mas sua preservação também constitui objeto de nosso dever. Isso tudo significa, na verdade, que de fato não contribuímos em nada para o surgimento do planeta Terra, ou seja, não fomos nós que o criamos, não havendo, portanto, justificativa alguma para nos considerarmos donos dele agindo de forma predatória em prejuízo das gerações futuras.

– Ninguém está interessado em seus argumentos infantis – disse Dark. – Sente-se, por favor, e dê a palavra a quem realmente tenha algo significativo e objetivo a dizer – provocou Dark.

– Com todo respeito, Dark – disse lorde Mainsfield, representante do Parlamento inglês –, acho que o que Zaion está dizendo é bastante relevante e gostaria que ele concluísse seu pensamento.

Master sentiu intuitivamente aquela invisível correnteza opressora que partia de Dark. Os pensamentos e sentimentos de Dark direcionavam a força neutra carregada de maldade contra Master, que fez um grande esforço para ficar protegido contra o ataque, e, ao mesmo tempo, refletindo como as criaturas humanas poderiam viver melhor e em paz, beneficiando umas às outras, bastando para isso deixar fluir a vontade espiritual para o bem, utilizando corretamente os "talentos" recebidos, fazendo-os se multiplicarem. Em vez disso, muitas pessoas permitem que o raciocínio conduza os pensamentos malévolos de inveja e cobiça lançando flechas envenenadas sobre as pessoas visadas.

Muitos líderes ali presentes também manifestaram apoio a Zaion, não restando outra alternativa a Dark senão ceder. – Muito bem, Zaion, continue. Mas seja breve, por favor – disse, visivelmente irritado.

– Obrigado, senhores. Como estava dizendo, o destino do ser humano é dar prosseguimento à obra de beneficiamento e embelezamento da Terra para a construção de uma vida produtiva e plena de felicidade, não uma "felicidade possível" determinada por normas e regulamentos impositivos, mas, sim, aquela que provém do coração. A energia da Luz, sob a forma de irradiação, avança continuamente formando as galáxias, expandindo o universo. Foram bilhões de anos de preparação do solo terreno para possibilitar a encarnação do ser humano. Tantos preparativos deveriam ter sido reconhecidos por nossa espécie como um presente de valor inimaginável. Em seus estudos, Darwin percebeu que a seleção natural favoreceu o refinamento das espécies em seu desenvolvimento progressivo. Faltou perceber que o escopo da evolução era a preparação de um corpo ou receptáculo, como preferem alguns pesquisadores, apto a abrigar a alma humana. Reconhecendo isso, apenas contentamento e gratidão deveriam brotar em nossos corações. Partindo do mais íntimo do ser humano, a verdadeira energia vital deveria atuar como a motivação para prosseguir na escalada da evolução total. No entanto, diante da indolência e acomodação, o eu interior ficou estagnado, não evoluindo o quanto deveria. O cérebro se desenvolveu, mas ficou restrito ao âmbito material, dando força ao sentimento de posse egocêntrica. Com isso, mais de 80% do planeta já foi ocupado pela lógica de pilhagem dos recursos oferecidos pela natureza.

A maneira clara e lúcida com que Zaion expôs seus argumentos conseguiu prender a atenção de todos os presentes, o que deixou Dark ainda mais furioso. Além de mudar o rumo da reunião, Master estava conquistando a simpatia e confiança dos líderes. E isso, para Dark, era intolerável. Mas, naquele momento, ele não podia fazer nada a não ser esperar por uma oportunidade para reconduzir os debates para o rumo que havia planejado.

Enquanto isso, Master continuava sua explanação.

– O cérebro é uma ferramenta do eu interior. A motivação para o viver sadio e equilibrado se origina nesse eu pessoal. O cérebro é a ferramenta que deve ser posta em funcionamento para atender ao querer interior. Como ele necessita de estímulos para agir, na falta de um impulso mais nobre, descamba para o embrutecimento e a aplicação da fria astúcia do raciocínio que, invariavelmente, obtém satisfação na cobiça do poder, inveja e ódio. Para ter uma vida mais harmônica, o ser humano deveria estar sintonizado nos propósitos da evolução total da alma, do corpo e da mente, e assim manter a vida na Terra em equilíbrio com as leis naturais que regem a Criação. Afastando-se disso, sua sintonia fica estagnada e decaída a níveis inferiores. O cérebro, no comando das ações, acabou encontrando um sucedâneo motivacional, passando a sintonizar-se apenas nos aspectos materiais mais grosseiros da vida, descobrindo no dinheiro a motivação para todas as ações, em um radical desvio de rota, o que, a longo prazo, acarreta no descarrilamento do comboio, com todos os nefastos efeitos dessa falsa sintonização. Por isso é importante que haja uma nova sintonização capaz de afastar o perigo de nossa autodestruição, tanto em termos físicos como emocionais e psíquicos. A busca do enriquecimento individual também deverá ser acompanhada da busca da melhora geral, para que seja possível a existência de uma sociedade ativa e disposta a construir um mundo efetivamente humano. As pessoas precisam perder o medo de conversar sobre temas que envolvam a espiritualidade e o significado da vida, pois esses temas e sua compreensão estão intimamente ligados aos rumos do mundo. Meus amigos, temos de nos conscientizar que há dois tipos de antagonismos na situação difícil que enfrentamos: há aqueles que não querem aceitar a perfeição das leis do Criador, que permitiu a penetração da irradiação da Luz para construir os universos gradativamente. Estes defendem a ideia de que o ser humano e todas as criaturas surgiram prontos do nada. E há os que aceitam a teoria de Darwin, mas afastados da vida espiritual, aproveitam-se dela para justificar a lei do mais forte, argumentando que o emprego da força e da astúcia são os meios a ser utilizados para a dominação e conquista do poder. Com isso, enterram os talentos do espírito, criando um mundo muito mais selvagem que o natural, onde as criaturas obedecem ao instinto na seleção natural para o aperfeiçoamento das espécies. Em ambos permanece a aceitação do princípio equivocado da astúcia em oposição ao princípio do amor prestimoso que visa à elevação do ser humano.

Irritado em sua poltrona, Dark fez um gesto brusco, derrubando seu copo com água, mas nem o barulho distraiu os ouvintes atentos. Master prosseguia falando com veemência.

– Desde cedo as crianças têm sido direcionadas para a competição e o individualismo, no entanto, elas precisam aprender que nascemos em um planeta que nos oferece todas as condições para a sobrevivência condigna: ar, água, alimentos se sustentam com o equilíbrio entre o homem e o ambiente, requerendo a preservação dos mecanismos naturais. A Terra acolhe a todos, no presente e no futuro, daí a grande responsabilidade dos humanos, em sua curta passagem pelo planeta, de beneficiar, embelezar e preservar tudo para si e para os que virão depois. Nesses termos, concordo com Dark quando afirma que é preciso repensar a educação e a forma como estamos orientando as novas gerações. Mas discordo quando afirma que devemos centrar todos os esforços no fortalecimento do raciocínio calculista em detrimento da intuição, pois é ela que nos conecta à espiritualidade e ao sentido real da existência. Intuição e raciocínio lúcido devem atuar em conjunto para assegurar o progresso da humanidade. Para não me alongar demais, trouxe um relatório que será entregue aos senhores no final deste encontro. Na verdade, é um resumo dos principais estudos feitos recentemente por renomados cientistas, naturalistas e biólogos que explicam o cérebro e o cerebelo e sua evolução ao longo dos anos. São tópicos interessantes que merecem uma análise mais aprofundada. Por isso, sugiro que o tema educação seja retomado na próxima reunião da Liga, quando os senhores já terão tido a oportunidade de avaliar esse material e, assim, poderemos discutir a educação sob uma nova perspectiva.

A sugestão de Zaion provocou uma reação irada de Dark.

– Você não tem o direito de pedir o adiamento da discussão programada para hoje – disse Dark, em tom agressivo. – Todos os presentes são pessoas extremamente ocupadas e não podem ficar à sua disposição para debater os temas a seu bel-prazer e quando o desejar. Você deveria ter preparado esse dossiê antes e enviado aos presentes com antecedência para que o assunto fosse tratado aqui hoje. Como isso não foi feito, agora é tarde. Vamos voltar ao tema.

– Depois de tudo o que ouvi, de minha parte acho que a sugestão de Zaion é aceitável – disse lorde Mainsfield. – Afinal, a pauta da reunião de hoje inclui também outros assuntos, e acredito que podemos passar a debatê-los agora, deixando o tema educação para o próximo encontro. Os que concordam comigo, por favor, se manifestem.

A maioria dos líderes e das pessoas ali presentes concordou com a proposta do representante do Parlamento inglês, e o grupo passou a discutir o item seguinte da pauta. Dark fuzilou Zaion com os olhos, mas, diante do ocorrido, não teve outra opção. Intimamente, no entanto, pensava em como poderia derrotar Master e desacreditá-lo perante os líderes. Pacientemente esperaria pela hora do revide. "Esta batalha você venceu, meu caro Master, mas não a guerra; me aguarde", pensou Dark.

Entristecido, Master olhava para a rigidez de seu oponente pensando como seres humanos tão inteligentes podem permanecer cegos, sem perceber que no planeta algo fora do controle está acontecendo com o destino dos indivíduos e da humanidade.

Capítulo 5

Um Novo Aliado

No dia seguinte, em seu escritório, Giorgio Dark repassava mentalmente as palavras ditas por Zaion durante a reunião e a boa impressão que causara nos presentes. Aquilo o atormentava e alimentava ainda mais o sentimento de inveja e rancor que sentia por Master. A animosidade entre ambos tinha começado havia muitos anos, quando ainda eram adolescentes e estudavam na mesma escola, na Suíça. Era um internato para jovens que possuíam inteligência acima da média. Henrique Zaion havia sido mandado para lá quando tinha 15 anos, na época em que seu pai, o diplomata Gabriel Henry Zaion, havia sido transferido para trabalhar durante um período em um país da África onde não havia boas escolas. Para não interromper os estudos, Henrique ingressou no internato e logo se destacou entre os estudantes, cativando a todos com seu jeito gentil e cordial. Antes, Giorgio Dark era o centro das atenções e sempre obtinha a melhor nota da classe, mas, com a chegada de Zaion, tudo mudou. O novo aluno era brilhante e muito cordial. Todos os colegas queriam sua amizade e os professores ficavam admirados com sua eloquência e a forma sensata de argumentação nas vezes em que apresentava seus trabalhos individuais em classe.

Como se tudo isso não bastasse, Zaion também era um excelente nadador e venceu os principais torneios entre escolas, destronando Dark também nesse aspecto. O sentimento de raiva e despeito que nutria em seu íntimo era reforçado pela atitude arrogante do pai de Giorgio, que passou a repreendê-lo por não ser mais o número 1 entre os estudantes. Ernesto Dark era um empresário do setor de petróleo e possuía uma personalidade altamente competitiva.

Costumava repetir para o filho que o mundo pertencia aos fortes, onde não há lugar para perdedores. Para ele, o segundo lugar era uma derrota. "O segundo colocado é o primeiro que perde", repetia como um mantra para seu filho, quando este lhe apresentava o boletim escolar. Suas excelentes notas não eram suficientes porque havia alguém melhor do que ele: Henrique Zaion.

Por conta disso, Dark detestava o colega. Sempre que tinha oportunidade, agredia-o com ironias, tentando em vão desqualificá-lo diante dos demais estudantes, mas aquela atitude só o afastava do grupo. Começou, então, a se aproximar dos bagunceiros e daqueles que adoravam causar tumultos e pequenos delitos, como quebrar as vidraças do colégio durante a noite, ou danificar os carros dos professores e coisas do tipo. Chegou, inclusive, a roubar muitos objetos de Zaion, como um relógio, calculadoras, e até anotações das aulas. Dark era muito inteligente, agia de forma escusa, arquitetando os planos, mas agia na sombra, sempre mandando outras pessoas executá-los. Ardiloso, nunca chegou a ser desmascarado, embora tivesse certeza de que Zaion sabia que ele estava por trás das armações, pela forma como o olhava algumas vezes.

O destino voltou a colocar Zaion no caminho de Dark, agora já adultos, fazendo renascer aquele velho sentimento de inveja e de rancor, apesar de Master jamais ter feito nada contra ele. As divagações de Dark foram interrompidas quando sua secretária entrou na sala, anunciando que a pessoa que ele pedira para contatar já havia chegado. Era Robert, o rapaz que provocara o tumulto na Universidade de Cambridge durante as comemorações do bicentenário de Darwin.

– Por favor, Robert, sente-se e fique à vontade – disse Dark, depois de receber o convidado com um grande sorriso no rosto e de cumprimentá-lo com um aperto de mão.

– Imagino que você deve estar curioso sobre o motivo de meu convite.

– Na verdade, estou sim – disse Robert. – Acompanho seu trabalho e sempre o admirei, mas confesso que jamais pensei que um dia poderia falar com o senhor pessoalmente.

– É mesmo? Fico envaidecido com o elogio – disse Dark, tentando ser o mais gentil possível, algo contrário à sua personalidade.

Imaginava como poderia utilizar esse jovem impetuoso para atingir seus propósitos.

– Eu também fiquei bastante impressionado com sua ousadia quando o vi naquele dia, na Universidade. Não é qualquer um que teria coragem de interromper uma palestra do professor Kenneth e defender um ponto de vista com tanta determinação. Por isso tomei a liberdade de fazer uma pequena investigação a seu respeito e notei que você é um excelente aluno, tem boas notas, embora se meta em algumas confusões como esta última.

– Eu acho que as pessoas precisam defender suas ideias, mesmo que para isso seja necessário usar métodos nem sempre ortodoxos e aceitos pela sociedade – defendeu-se Robert.

– Mas, por favor, não encare isso como uma crítica – rebateu Dark. – Ao contrário, acho isso admirável e é por essa sua postura que o chamei aqui hoje. Notei também que você é bastante ambicioso e competitivo. É o tipo de pessoa que luta pelo que quer e tem planos de crescer profissionalmente e se tornar um vencedor. Sabe, estou recrutando estagiários e acredito que você seria perfeito para integrar meu *staff*. Está interessado?

Os olhos do rapaz se iluminaram.

– Mas claro que sim. O que exatamente terei de fazer? – questionou.

– Bom, uma série de tarefas de meu escritório, mas também gostaria que você me ajudasse a obter algumas informações no meio acadêmico – disse Dark.

– Eu faço qualquer coisa para trabalhar ao seu lado. Do que precisa saber? – disse Robert, sem pestanejar.

– Preciso saber quem é um tal de Oliver. Aquele rapaz que o confrontou naquele dia. Quero saber o que ele faz, que turma frequenta e, principalmente, o que ele sabe sobre o estudo secreto de Darwin que mencionou naquele dia. Você o conhece? – perguntou Dark.

– Já nos enfrentamos outras vezes, mas apenas em debates promovidos pela Universidade. Aquela foi a primeira vez que nos agredimos fisicamente. Em geral, debatemos ideias e, como viu, pensamos de forma muito diferente – disse Robert.

– Então ele também é estudante? – questionou Dark.

– É sim. Cursa Ciências Sociais, e eu Economia Globalizada.

– Bem, então sua primeira missão será me trazer um relatório completo sobre esse rapaz. Quero saber tudo: sua frequência na Universidade, quem são seus amigos, lugares que costuma frequentar, etc. E, principalmente, sobre o tal estudo.

– Deixe comigo, vou colar nele. Mas já lhe adianto que se o tal estudo for mesmo secreto, não vai ser fácil arrancar a informação dele. É um cara bastante tinhoso e cheio de princípios. Sabe aquele tipo que morre, mas não entrega o ouro? – adiantou Robert.

– Meu caro rapaz, há muitas formas de se arrancar de uma pessoa aquilo que nos interessa. Todo mundo tem um calcanhar de aquiles, um ponto fraco, algo que não quer perder ou arriscar. Não se preocupe que, no momento certo, vou lhe ensinar a fazer isso – disse Dark, dando um sorriso malicioso.

Aquele dia tinha sido muito proveitoso para Dark. Ele conseguira arregimentar mais um soldado em sua luta contra Zaion. Pensava que, de alguma forma, Oliver teria em mãos algo muito valioso que serviria para ser usado contra seu maior rival. Mas o que mais o animava era a confiança de que derrotaria o intuitivo Master com inteligência e astúcia. O embate estava para ser travado: raciocínio *versus* intuição. Quem daria as melhores cartadas? Quem sairia vencedor?

Há quem duvide, mas o mal existe. E pessoas como Dark estão sempre a seu serviço, contribuindo para retardar o progresso humano, sintonizados apenas em formas de obter ganhos materiais e poder, sem se importar com quem sairá ferido nessa luta.

Atualmente as grandes concentrações urbanas tendem a se tornar ingovernáveis. Em seu ensaio sobre a população, Malthus, economista e religioso inglês (1766-1834), defendia a ideia de que o crescimento da produção de alimentos não acompanha o crescimento da população, que é sempre maior, o que exige o controle da natalidade como meio de evitar catástrofes. O desenvolvimento da tecnologia agrícola amorteceu a crueza desse pensamento, mas não o invalidou totalmente. Há também outros aspectos que precisam ser levados em consideração, tais como os limites do planeta para oferecer os necessários recursos naturais para a vida e as dificuldades para que todos tenham emprego nos moldes atuais de trabalho assalariado.

As dificuldades decorrentes da grande concentração populacional nos centros urbanos é um dos fatores que fomentam o caos e o colossal aumento da violência. Nos países em desenvolvimento, o baixo nível educacional atua favorece a decadência humana. A população se desloca das regiões mais pobres e rurais para as cidades e se instala de qualquer jeito, em qualquer barraco, seja encosta de morro ou área de manancial, sem infraestrutura e sem empregos. O uso de drogas se alastra, os valores se tornam supérfluos na sociedade e nas famílias, o desregramento se generaliza, os freios morais desaparecem. Medo, degeneração sexual, idolatria ao dinheiro surgem como os ingredientes de uma civilização incapacitada para ouvir os apelos provenientes do coração dilacerado. Sem oportunidades para se desenvolver, a espécie humana estagnou e está regredindo. A vida se desvaloriza e surge o homem descartável.

Os marginais estão perdendo o pudor e praticam atos violentos inimagináveis para assaltar. As ocorrências são muitas e estão aumentando, sem que haja um paradeiro. Os filmes estão ampliando o uso de violência, apresentando pouca história, seres humanos embrutecidos em ambientes degradados, muitas lutas e assassinatos, as cenas focalizam atos bárbaros com requintes de crueldade. E em meio a tantas atrocidades nos perguntamos que tipo de ser humano seria capaz de disparar contra crianças e idosos indefesos? Com certeza, somente os que tiveram o eu interior sufocado e já não conseguem mais ouvir a voz do coração.

O problema são as crises que não se restringem apenas aos planos econômicos e financeiros, mas também afetam o meio ambiente. Estão ocorrendo alterações climáticas e o consumo de recursos naturais supera a capacidade de reposição, podendo gerar sangrentos conflitos ao longo de nossa trajetória em razão do descontentamento social das populações que estão perdendo as esperanças na conquista de um futuro melhor, fazendo da depressão o mal do século. Essa triste realidade tem sido camuflada ao longo dos tempos para que não evidencie o grande fracasso de nossa espécie em sua passagem pelo planeta Terra.

Não podemos ignorar que a espécie humana está ameaçada. Necessitamos parar e examinar com seriedade a razão de todo esse caos, antes que seja tarde demais. É preciso reavivar a consciência humana que nos distingue dos demais seres viventes e nos torna especiais e aptos a conduzir a vida para um patamar mais elevado. Atualmente contamos mais de 7 bilhões de seres humanos que receberam a maravilhosa Criação para se desenvolver e evoluir. O que esperam? O que procuram? Para que foram educados?

    Bastam alguns minutos diante dos telejornais para percebermos a que nível chegamos, com tantos crimes bárbaros praticados com o propósito de roubar. Então, o que podemos esperar para o futuro? Evolução e progresso podem ser alcançados, mas, sem uma boa educação e o adequado preparo para a vida, estaremos sujeitos a um embrutecimento – inferior ao dos animais, que possuem apenas o instinto para balizar seu comportamento. No entanto, o homem, embrutecido pelo raciocínio calculista, tudo permite em seu imediatismo, inclusive a destruição do planeta, seu habitat natural. As causas da decadência humana e do vertiginoso aumento da população deveriam ser objetos de sérias pesquisas. Todas essas eram questões que preocupavam seriamente Master. Dark, porém, não tinha o menor interesse por elas. O mais importante para ele era saber como tirar vantagens dessa situação crítica.

Capítulo 6

O Mistério da Evolução

Acomodado em sua confortável poltrona em frente à lareira, Henrique Zaion aproveitava o silêncio da sala para pensar em tudo o que ocorrera na reunião dos Líderes. Qual seria a reação de cada um dos membros da Liga sobre o estudo entregue naquele dia? A lembrança do documento secreto, recém-descoberto, supostamente de Darwin, também o perturbava, pois trazia informações e conclusões totalmente contrárias ao que se poderia atribuir ao célebre naturalista. Será que o casal Sanches e as irmãs Sinclair teriam alguma novidade a respeito da autenticidade do documento? Que outras evidências e conceitos poderiam ser levados na próxima reunião da Liga dos Líderes para reafirmar a necessidade de modificar os padrões educacionais das novas gerações? Enquanto divagava sobre essas questões, Zaion entrou em estado meditativo. Ao relaxar a mente, Master foi transportado para outra dimensão. Ele visualizou um belo parque, repleto de árvores e flores silvestres. No céu azul e sem nuvens, o sol brilhava soberano, iluminando a natureza. O som emitido pelas folhas das árvores, balançadas pelo vento, e o canto dos pássaros compunham a trilha sonora perfeita. Uma paz profunda tomou conta de Zaion. O vento batia em seu rosto trazendo um agradável aroma de jasmim. Caminhando por entre as árvores, logo avistou um lago e uma cachoeira, onde uma linda mulher banhava suas mãos, trajando um vestido longo de cores claras e brilhantes. Ao notar a presença de Zaion, ela se voltou e sorriu para ele. Era Annunziata Campobianco, sua amada companheira dos sonhos e de outras vidas. Ela caminhou até ele e os dois se abraçaram por um longo tempo.

– Meu querido Zaion, como é bom revê-lo – disse a bela mulher. – Gostaria que você conhecesse uma pessoa.

Annunziata se voltou para o lado e falou:

– Pode vir. Ele não lhe fará mal. Pelo contrário, irá protegê-la. Então, Zaion viu uma menininha aparentando ter uns 10 anos de idade sair de trás de uma árvore. Ela tinha cabelos negros, presos em duas tranças atadas nas pontas por laços vermelhos que lhe pendiam pelos ombros e chegavam até a cintura. Abaixo de uma espessa franjinha, dois olhos amendoados e expressivos fitavam Zaion com um misto de curiosidade e cautela.

Ao avistar a menina, Zaion se agachou e abriu os braços. Visivelmente assustada, a garota olhou para os lados e começou a andar em sua direção, mas parou de repente e desfaleceu. Desesperado, Master correu para socorrê-la. Ao se aproximar, viu que seu vestido turquesa estava manchado e uma poça de sangue se formara ao redor de seu frágil corpo.

Zaion acordou de súbito, com o coração disparado. Bebeu um gole de água e começou a respirar pausadamente para se recompor da cena que acabara de ver. Ele sabia que aquilo era um aviso. Eram imagens de algo ruim que estava em formação, e ele deveria estar atento para impedir que alguma coisa tenebrosa pudesse se concretizar. Mas quem seria aquela menina que ele deveria proteger?

Na lanchonete dentro do *campus* da Universidade de Cambridge, uma turma de jovens conversava animadamente durante o intervalo das aulas. Com grande entusiasmo, Oliver falava aos colegas sobre a pesquisa que estava desenvolvendo e que seria a base para a dissertação a ser apresentada no final do bimestre, em um dos eventos programados pela instituição para celebrar o bicentenário de Darwin.

– Estou superempolgado com o tema que meu grupo escolheu: "o mistério da evolução humana" – disse Oliver.

– Quer dizer que finalmente você vai provar seu parentesco com o macaco que caiu na água e enferrujou, dando origem aos homens ruivos e cheios de sardas como você – brincou Phillip, arrancando a risada dos demais jovens ali presentes.

– Não, seu tonto. Vou provar que apenas alguns bobocas que fazem piadinhas infames e sem graça é que descenderam dos símios, como você. O restante de nós é outra história – rebateu Oliver, em tom de brincadeira. – Falando sério – retomou –, estou animado porque esse assunto me fascina. Houve um tempo em que se pensava que a Terra era o centro do universo. Mas depois, com a evidência de que ela é apenas mais um planeta que acompanha o Sol em seus movimentos, surgiram indagações sobre a origem da vida no planeta. As pesquisas de vários naturalistas e, em especial, as de Darwin, deram margem à compreensão das leis que regeram a evolução das espécies animais e vegetais. E a teoria das mutações postulou as possíveis modificações e evoluções progressivas das espécies. No entanto, elas não conseguiram explicar como surgiram os primeiros seres humanos. Ficou faltando um elo importante da cadeia evolutiva que ainda hoje é um mistério.

– Um mistério que as religiões tentaram explicar – disse Clarence, dando em seguida uma mordida em um apetitoso sanduíche.

– Especialmente as que se fundamentam na Bíblia – disse Katherine. – A religião, porém, estabeleceu uma contradição entre o teor dos textos bíblicos em sua forma literal e a evolução das espécies explicada por Darwin. A Bíblia é um livro de profundo simbolismo que não deve ser tomado apenas literalmente, mas, sim, em sua abrangência espiritualista.

– É um tema empolgante – Oliver retomou a palavra. – O evolucionismo tem tido aceitação entre os cientistas para explicar a vida na Terra. Ele se baseia na teoria de Darwin que postula que todos os seres vivos têm um ancestral comum, do qual derivaram as diversas formas de vida. Houve um desenvolvimento progressivo que envolveu mutações ao longo de bilhões de anos, mapeando o surgimento das diferentes espécies de animais e plantas do planeta. Darwin captou uma parte do funcionamento da natureza conforme estabeleceram as leis naturais do Criador. No entanto, sua teoria não explica a Criação, assim como o Criacionismo também não explica o surgimento do ser humano. E, apesar de opostas, o que ambas têm em comum é que não abrangem o todo, ou seja, não explicam o fenômeno em sua amplitude espiritual e material, em seu começo, meio e fim. Isso não dá um nó na cabeça da gente? Não dá uma vontade imensa de tentar descobrir como, afinal das contas, todos nós surgimos e para quê?

Os olhos de Oliver brilhavam e todo o seu rosto se iluminava quando falava desse assunto. Seus pais eram antropólogos e, desde criança, o jovem ouvia acaloradas discussões sobre o tema. Sua casa costumava ser frequentada por intelectuais que defendiam diferentes teses nos famosos churrascos promovidos quase todos os finais de semana. O grupo que prestigiava esses deliciosos encontros era bastante eclético e composto inclusive de religiosos, como o padre Paul, irmão de sua mãe, um rabino amigo do seu avô paterno e até um sacerdote indiano. Por isso, Oliver aprendeu desde cedo a questionar e a investigar o sentido da vida. De alguma forma ele sabia que, para nos tornarmos seres humanos verdadeiros, devemos buscar as respostas para o mistério da Criação. As pessoas extremamente racionais não se conformam com a existência de espíritos vigilantes e hostilizam tudo o que não pode ser justificado. No entanto, isso foi a causa do grande atraso em que nos encontramos, na medida em que o movimento ascendente na direção do despertar do espírito foi interrompido. Assim, limites estreitos foram traçados pela esperteza dos homens para preservar intocável a arrogância da erudição humana, construída com o raciocínio divorciado da alma.

Depois de tomar um gole de suco, Oliver continuou:

– A ciência não tem como recriar o processo do surgimento da vida no planeta. Então, o que se pode fazer é retroceder no tempo, utilizando os múltiplos meios intuitivos e mentais para se pesquisar o passado. Dessa forma acabaremos chegando aos enigmas que não são explicados pelo raciocínio, mas apenas pela intuição. O grande escritor inglês William Shakespeare já havia mencionado que "há mais mistérios entre o céu e a terra do que imagina nossa vã filosofia". O físico alemão Albert Einstein também percebeu que sem o uso da intuição é impossível pesquisar as leis invisíveis que regem a Criação. Certa vez, um visitante em nossa casa fez um comentário muito importante sobre a evolução humana e, na hora, não dei muito valor. Era mais ou menos assim: com o desenvolvimento harmônico entre as partes cerebrais, ao lado de um progresso tecnológico sadio, também teríamos o progresso ético e moral. Então teríamos sobre a Terra uma existência que seria um reflexo de felicidade paradisíaca. Assim, o ser humano seria efetivamente o *sapiens*. Preso ao raciocínio, porém, ele não utiliza nem 10% de seu potencial, ficando aquém de suas capacitações. Então, as mazelas psíquicas e sociais se esparramam pelo mundo. Ao pensar demasiadamente, o cérebro sobrecarrega o corpo e o organismo, provocando doenças, roubando a serenidade, impedindo a leveza da mente e a felicidade.

– Oliver, você é mesmo incansável quando se trata desses assuntos, mas não esqueça os compromissos! – reclamou Penélope, aproximando-se do grupo, acompanhada de Patrizia, sua melhor amiga.

– Olá, minha linda reclamona – disse Oliver, agarrando a moça e dando-lhe um beijo na bochecha. – Preferia que eu estivesse paquerando as garotas da mesa ao lado? – provocou.

– Atreva-se para ver o que acontece – retrucou Penélope, colocando as mãos em seu pescoço, fingindo que iria estrangulá-lo, mas dando-lhe, em seguida, um terno beijinho.

– Penny, deixa o enforcamento pra depois, tá? Vamos andando que a próxima aula está pra começar – disse Patrizia, puxando a amiga pelo braço.

– Nós também já vamos – disse Oliver, dando outro beijo em Penélope, aproveitando para sussurrar algo em seu ouvido. Ela fez que "sim" com a cabeça e a turma toda se levantou e começou a se dirigir para suas respectivas salas de aula.

– Você não vem? – indagou Phillip, olhando para Clarence, que permaneceu sentado à mesa.

– Não. Vou cabular a próxima aula porque tenho uma consulta no oculista. Só vou terminar esse sanduíche e depois me mando. Nos encontramos no final do dia, certo? Aí você me passa suas anotações – disse, dando uma piscada para o amigo.

– Como você é folgado, hein, cara? Até mais tarde, sabichão.

Em uma mesa, no fundo da lanchonete, Robert ficara observando o grupo de jovens. Esperou que todos já tivessem saído para então se aproximar de Clarence.

– E aí, cara, tudo bem? – disse, já se sentando ao lado do rapaz sem a menor cerimônia. – Meu nome é Robert.

– Eu sei muito bem quem você é – respondeu Clarence. – Olha, se você veio em busca de confusão, já vou avisando que...

– Não, não é nada disso. Fica tranquilo. Pelo contrário, eu quero paz. Na verdade, eu queria sua ajuda pra me aproximar do Oliver. Sabe, cara, eu queria me desculpar com ele. Acho que violência não tem nada a ver, e tanto eu quanto ele nos exaltamos naquele dia. Tenho receio de que, se eu chegar assim de cara para me desculpar, ele possa achar que estou provocando e tenha a mesma reação que você teve.

– Puxa, legal da sua parte. Mas quem me garante que você está falando mesmo a verdade? – questionou Clarence.

– A troco de que eu mentiria? Fica frio. Eu sei que ele é um cara legal e aquele incidente deixou uma impressão errada a meu respeito. Nós pensamos de forma diferente, sem dúvida, mas, ainda assim, acho que podemos nos entender. Além disso, ele anda com uma turma superanimada. E cada gata linda, que vou te contar!

– Tudo bem, cara. Vou ver o que posso fazer. Mas um aviso: nada de gracinhas com a Penélope. Eles namoram há alguns anos e ele é louco por ela. Acho até que vai dar em casamento. Se realmente estiver a fim de paz, não se meta com ela.

– Pode deixar. Penélope, pra mim, é homem. Tá bem assim? – brincou Robert.

– Também não precisa exagerar – rebateu Clarence, em tom amigável. – A gente vai se reunir hoje à noite, lá pelas 20 horas, naquele pub maneiro que fica no centro da cidade, ao lado da biblioteca. Dá uma chegada lá e eu faço a ponte entre vocês, falou?

– Valeu, cara. A gente se encontra mais tarde, então.

Robert entrou em seu carro e ligou para Dark de seu celular.

– Olá, sr. Dark. Estou ligando só para lhe informar que já dei um jeito de me enturmar no grupo do Oliver. Vou me encontrar com eles hoje à noite e fazer de tudo para nos tornarmos amigos. Assim será mais fácil identificar seu ponto fraco.

– Excelente, meu rapaz, assim você vai longe. Depois do encontro, volte a me ligar, certo? – finalizou Dark.

Capítulo 7

O Elo Perdido

Eram pouco mais de 17 horas quando Zaion chegou à casa das irmãs Sinclair. Na sala de estar, já se encontravam o casal Viveca e Humberto Sanches, Jean Baptiste e Carlo Arnaboldi se deliciando com chá, biscoitos, tortas, doces e outras iguarias preparadas com esmero pelas anfitriãs.

– Que bom que você chegou bem a tempo do chá – disse Bárbara ao receber Zaion, acompanhando-o à sala onde estavam os demais.

– Olá a todos – disse Zaion, sentando-se ao lado do casal Sanches e se servindo de uma xícara de chá. – Desculpem a ansiedade, mas gostaria de saber se descobriram algo sobre o documento que encontramos. É autêntico?

– Foi por isso que o chamamos aqui, querido – disse Brenda, passando-lhe um prato com uma fatia de torta de maçã. – Há dias que nos debruçamos sobre esse documento. Fizemos todas as análises químicas com alguns fragmentos desse estudo e temos 100% de certeza de que foi escrito na época de Charles Darwin.

– Mas ainda estamos em dúvida com relação ao autor – continuou Viveca. – Pela análise grafológica notamos que a letra é muito parecida com a de Darwin, e também as palavras usadas parecem ser as que ele costumava empregar para se expressar. Contudo, a pressão usada para escrever é diferente.

– Estamos quase certos de que não foi Darwin que escreveu esse documento – disse Humberto Sanches. – Particularmente, acredito que o autor tenha sido um contemporâneo dele que queria, de alguma forma, desacreditá-lo. Como todos sabem, Darwin tinha muitos inimigos, inclusive estudiosos e religiosos que não concordavam com suas teorias e sentiam-se ameaçados em suas zonas de conforto com as consequências que as novidades poderiam provocar na população, até então dócil e bem-comportada.

– Nesse ponto eu discordo – disse Jean Baptiste. – Não acho que era alguém que queria desacreditá-lo, mas, sim, aproveitar a notoriedade e o respeito conquistados por Darwin junto à comunidade científica para incutir valores e conceitos não defendidos por ele, justificando assim a luta pelo poder como se fosse algo natural e inato no ser humano, e não um comportamento aprendido, ou melhor, um desvio do comportamento. Não podemos permitir que as novas gerações continuem sendo desviadas pela cartilha dos mais velhos que as conduz apenas para os interesses imediatistas. Elas trazem dentro de si os mais caros ideais e acreditam que podem melhorar muito a humanidade. Durante a fase da adolescência, os jovens parecem pressentir toda a dor do mundo em um ímpeto renovador, mas logo o impulso mais nobre é abafado e se perde no vazio, buscando as trilhas mais cômodas e seguras que sufocam o eu interior, deturpando a existência do ser humano na busca do prazer imediato.

– Eu também penso como Jean Baptiste – completou Arnaboldi. – Por isso tomei a liberdade de iniciar uma pesquisa minuciosa para tentar identificar o autor desse documento. Provavelmente era uma pessoa ligada a Darwin, ou alguém bem próximo para estar tão familiarizado com sua forma de se expressar. Já listei alguns nomes, mas ainda preciso investigar mais a fundo, o que deve levar algum tempo.

– Minha intuição me diz que Jean e Carlo estão certos – disse Zaion. – O que me preocupa é o tempo. Quero tirar a limpo essa história antes que esse documento venha a público e seja utilizado por alguém inescrupuloso embrutecendo ainda mais a humanidade. Na última reunião dos Líderes, Giorgio Dark estava muito agressivo e disposto a convencer os presentes a seguir por um caminho que mais trará prejuízos do que benefícios para a humanidade. Se o documento que achamos cair nas mãos dele, teremos grandes dificuldades, pois isso dará a ele os argumentos de que necessita para seus fins. Por isso precisamos descobrir logo quem é o autor e o que pretendia de fato. Vou pedir para que os professores Bruce Kenneth e Reinaldo Gonçalves nos deem um reforço e nos ajudem a encontrar respostas.

– Não podemos permitir que esse documento caia nas mãos daquele horroroso do Dark, pelo menos enquanto não decifrarmos sua verdadeira origem – concordou Brenda.

Brenda viu, em pensamento, o vulto de Dark com sua testa desproporcionalmente grande, mais parecida com uma máquina pensante. Já a parte posterior da cabeça caía quase em uma perpendicular, diferente da de Master, mais arredondada como uma broa. Ela ponderava que enquanto Dark canalizava todas as energias para o cérebro anterior, esmiuçando suas possibilidades de acordo com seu desejo egocêntrico, Master buscava serenar a mente para atingir fontes mais elevadas, descortinando o caminho certo do bem, para só então fazer o raciocínio trabalhar ativamente na análise da situação e na busca dos meios necessários para alcançar as metas. Master primava pelo trabalho em equipe, mas incentivava a individualidade e a criatividade de cada colaborador que se sentia participante efetivo e, espontaneamente, oferecia o melhor de si. Esse jeito de ser dava a Master uma alegria espontânea de viver, inacessível para Dark e seu caráter impositivo que queria equipes de trabalho que executassem suas tarefas sem questionamentos nem comentários, em razão de seu envolvimento com a desconfiança, a inveja e o descontentamento.

Em seu íntimo, Zaion sabia que o ser humano possui uma essência espiritual que é anterior à evolução das espécies, a qual ainda não foi devidamente identificada pela ciência. O corpo humano não surgiu pronto e finalizado no planeta Terra, e foi necessário um longo período de evolução até surgir a forma apropriada. De acordo com estudos de pesquisadores da Universidade de Cambridge, muitos animais tiveram a primeira fase de sua evolução no ambiente aquático e só muito depois passaram para o ambiente terrestre, onde foram submetidos a novos processos de mutação até o surgimento dos mamíferos. Esses estudos chegaram a ser publicados na *Journal of Anatomy*, uma importante revista científica.

A cada nova pesquisa científica, mais se evidencia que o homem se originou de uma espécie distinta dos chimpanzés que permaneceu em evolução por milhões de anos. Nessa trajetória evolutiva, o ser humano deveria surgir como a coroa de toda a Criação, beneficiando-a e promovendo seu refinamento. No entanto, acabou se tornando um estranho desconhecedor da própria origem. Essa foi a causa das controvérsias envolvendo ciência e religião, pois ficou perdido o elo entre o ser humano e o processo evolutivo da humanidade e o que nos diferencia dos demais seres viventes no planeta, sendo tudo contornado pelo dogmatismo. O desconhecimento de nossa origem nos levou a usar a parte racional de nosso cérebro e sua capacitação de raciocinar de forma abstrata para engendrar teorias que nos dissociaram da realidade natural. Assim, dentro dessa restrição os seres humanos se sentiram engrandecidos e se autoproclamaram donos do planeta, em vez de se adaptarem às leis naturais da Criação.

Essa forma de agir e pensar alimentou os venenos da vaidade e da arrogância, impedindo o espírito de se manifestar através da intuição. O uso exclusivo da racionalidade contribuiu para o estabelecimento de uma sociedade fria e cruel, muito distanciada da sociedade humana ideal, levando as pessoas a atuarem como meras observadoras dos acontecimentos, sem vivenciá-los, sem interiorizar a experiência. A amplitude da espiritualidade, que não deve ser confundida com as restrições impostas pelas religiões, ficou em segundo plano. Toda a incompreensão a esse respeito levou-nos a um ponto crítico, pois, lamentavelmente, não conseguimos construir uma estrada segura para as novas gerações. Atualmente bilhões de jovens estão perdidos, sem saber o que fazer com a própria vida, vão aderindo ao consumo exagerado de bebidas alcoólicas, drogas e cigarros, sexo casual, que servem apenas para entorpecer a mente e enfraquecer o corpo.

No palco da vida os homens estão agindo como atores, representando um papel, mas falta-lhes a autenticidade proveniente da intuição, do verdadeiro eu interior, que não produz pensamentos. Nem sempre nos tornamos nitidamente conscientes das impressões e sensações que o eu interior capta do mundo externo, visível ou não. A intuição requer serenidade mental. Mantendo limpo o foco dos pensamentos, o cérebro anterior se acalma, reduz sua atividade, possibilitando a percepção da intuição. Assim, no silêncio mental, aparecem as impressões e sensações destinadas a nos auxiliar na compreensão de nosso autêntico papel na vida. Temos de deixar a mente leve, para que a intuição possa indicar a solução.

Master se preocupava com o futuro da humanidade, uma vez que a falta da esperança em um futuro melhor deprime as populações no mundo todo, provocando revoltas. Com certeza esse quadro deriva da ignorância sobre a origem do ser humano, e de como seu espírito pode atuar, pois falta uma base firme que deveria estimular o contínuo aprimoramento da espécie humana.

Enquanto Zaion e os demais integrantes da Fraternidade Ametista buscavam respostas para importantes questões em um pub, no centro de Cambridge, Oliver e seu grupo de amigos aproveitavam a noite para jogar conversa fora e descontrair. Entre um chope e outro, a conversa seguia animada. Clarence aproveitou uma brecha para contar aos amigos que Robert o havia procurado horas antes e que queria se desculpar com Oliver pelo incidente na Universidade.

– E por que ele não me procurou diretamente? – questionou Oliver. – Afinal, foi minha cara que ele socou.

– Ele me pediu para fazer o meio de campo porque achou que você estava ainda muito zangado e não lhe daria a oportunidade para se desculpar – justificou Clarence.

– E você acha que ele estava mesmo sendo sincero? – perguntou Penélope como que levada por uma intuição.

– Acho que sim. Ele parecia realmente arrependido. Tanto que o convidei pra vir aqui hoje à noite – respondeu Clarence.

– E por falar no diabo... – disse Patrizia, ao ver Robert entrar no pub.

O rapaz foi para o bar e pediu um chope. Com o copo na mão, caminhou em direção ao grupo depois que Clarence fez sinal para que se aproximasse.

– Oi, cara, que bom que você veio – disse Clarence, cumprimentando-o com um aperto de mão.

– Oi, pessoal – disse ele. – Antes de mais nada, vim aqui hoje pra pedir desculpas a todos e, em particular, a você, Oliver. Violência não tá com nada. Eu sei que não devia ter reagido daquela forma, mas na hora não consegui me controlar. Foi tudo muito rápido. Você me desculpa?

– Concordo que violência não tem nada a ver, e eu também me excedi naquele dia, por isso não posso falar nada. Por mim, tá tudo bem – disse Oliver, estendendo a mão para o rapaz, que retribuiu ao cumprimento.

– Posso me juntar ao grupo? – perguntou Robert, já puxando uma cadeira e sentando-se próximo a Patrizia.

— Claro — disse Oliver. — Mas então, Robert, você não acredita mesmo na teoria da evolução postulada por Darwin, ou disse aquilo só pra criar confusão? — provocou.

— Eu não posso acreditar que o homem descenda do macaco ou de qualquer outro animal. Temos inteligência, raciocínio lógico e o mecanismo da fala, o que nos diferencia de qualquer outra espécie. Acredito, sim, que somos obra do Criador, conforme está descrito no Gênesis — argumentou Robert.

— Então você é mesmo um criacionista. Eu sabia! É impressionante como uma pessoa inteligente prefere dogmas às evidências geológicas, biológicas e científicas. Além do mais, distorce o que Darwin descreveu em seus estudos. Em momento nenhum ele afirmou que o ser humano descende do macaco ou negou a existência de Deus.

— Epa, epa, vocês dois — interrompeu Clarence. — Vamos deixar essas discussões filosóficas, antroposóficas, ou seja lá o termo que preferirem, para as aulas ou eventos acadêmicos e adequados pra debater ideias. E de forma civilizada. Agora estamos num pub. O momento é de diversão e não pra solucionar os mistérios da Criação.

— Tem razão, Clarence. Desculpe, Robert. Não quis ser agressivo. É que acho esse tema apaixonante e às vezes me empolgo demais — desculpou-se Oliver.

— Tudo bem, cara. Pensamos de forma diferente e temos apenas que aprender a respeitar isso, certo? Afinal, o que seria do verde se todos gostassem do amarelo? Acho válido as pessoas discordarem, porque é a partir daí que várias questões são repensadas, o que faz o mundo progredir — argumentou Robert.

— A gente veio aqui pra beber ou conversar? — disse Patrizia, para acabar de vez com o clima de tensão que começara a se formar. — Quem me paga mais um chope? — disse, toda faceira.

— Opa, deixa comigo — adiantou-se Robert, já chamando o garçom.

Durante o restante da noite, os jovens conversaram sobre amenidades, brincaram e se divertiram, em um clima de total descontração. Robert se ofereceu para dar uma carona para Clarence e Patrizia e, após os três saírem, Oliver confessou para Penélope que tinha simpatizado com o novo integrante do grupo, embora não confiasse totalmente em suas intenções.

– Ele parece ser um cara legal. É inteligente e divertido, mas algo me diz que não posso baixar a guarda com ele – disse Oliver.

– Deixa disso, amor – respondeu Penélope. – Vocês brigaram feio naquele dia e por isso ainda está, de certa forma, ressentido. Ele foi supereducado e sequer se exaltou quando você o provocou. Vamos dar uma chance a ele. E cá entre nós, acho que ele está meio a fim da Patty. Não desgrudou dela a noite toda. E não é que eles formam um casal bonitinho?

Robert deixou primeiro Clarence em casa para poder ficar a sós com Patrizia. No caminho, ele puxou conversa. – Eu gostei muito de conhecer seus amigos e principalmente de você. Espero ter conseguido desfazer a má impressão. Não sou violento, mas assim como Oliver, às vezes me deixo levar pela empolgação.

– Não esquenta. O Oliver também é um cara legal. O problema é que ele às vezes exagera. Ele tá muito envolvido numa pesquisa sobre a origem do homem pra um trabalho da faculdade. Só fala nisso. Aliás, chega até a ser chato às vezes. E como estamos comemorando este ano o bicentenário de Darwin, só se fala nesse assunto – respondeu Patty.

– Naquele dia do incidente ele mencionou um documento secreto de Darwin. Aquilo é sério ou ele estava inventando? – perguntou o rapaz, como se fosse mera curiosidade.

– Ah, ele andou escutando umas conversas do meu pai ao telefone e viajou na batatinha.

– Como assim? Seu pai é pesquisador? – indagou Robert.

– Ele costuma frequentar um grupo de estudiosos que gostam de investigar certas questões misteriosas. Pra dizer a verdade, não sei direito do que se trata porque meu pai não costuma falar muito a respeito. É que naquele dia eu, a Penny e o Oliver estávamos na biblioteca da minha casa e ele não percebeu. E atendeu a um telefonema, na sala ao lado, e deu a entender que alguém havia descoberto um documento secreto de Darwin que talvez explicasse o tal do elo perdido. Mas depois que desligou e nos viu, tentou desconversar dizendo que tinha muita gente doida que quer se aproveitar das comemorações do bicentenário pra ter seus 15 minutos de fama. Isso ficou na cabeça do Oliver e achei meio estranho porque, dias depois, ele começou a cochichar no ouvido da Penny e toda vez que eu chegava perto, eles disfarçavam e faziam alguma brincadeira – disse Patrizia.

– Acha que eles encontraram algo? O tal documento, talvez? – supôs o jovem.

– Pode ser. Ou talvez não. Sei lá. Só sei que eles andam meio esquisitos. Mas também pode ser só impressão minha. Vai ver é outro assunto só deles. Afinal, são namorados há tanto tempo. De repente estão pensando até em casar, ou morar juntos. Olha, a minha casa é no próximo quarteirão. Aquela, com as janelas brancas.

Robert se despediu de Patty, dando-lhe um beijo no rosto e seguiu satisfeito, achando que já havia conseguido obter a confiança da moça, o que lhe facilitaria obter as informações que queria.

Capítulo 8

Ensino Falho

A amizade entre Patrizia e Robert ficava mais forte a cada dia. Ele sempre arrumava um jeito de encontrá-la durante os intervalos das aulas e a convidava algumas vezes para jantar, até que ao final de duas semanas começaram a namorar. Apesar de realmente se sentir atraído por Patrizia, não apenas por sua beleza, mas também por sua vivacidade e senso de humor, Robert havia se aproximado da jovem com segundas intenções. E aproveitando-se do fato de ela ser a melhor amiga de Penélope, naturalmente passou a frequentar as reuniões do grupo de amigos e a se aproximar de Oliver.

Em um dos encontros, na casa de Patty, o tema da conversa girou em torno do futuro e das pretensões profissionais de cada um.

– Eu gostaria muito de trabalhar como assistente social e ajudar pessoas carentes a encontrar trabalho pra que tenham uma condição de vida melhor – disse Patrizia. – Mas, ao mesmo tempo, eu também adoro a vida acadêmica e acho que seria muito legal lecionar no ensino médio.

– Acho que uma coisa não exclui a outra, Patty – opinou Phillip. – Dá muito bem pra conciliar as duas profissões. Até porque nenhuma das duas costuma ser bem remunerada e com apenas um trabalho você não conseguirá se manter.

– Mas que pessimismo, Phillip! Nem todos os profissionais dessas duas áreas ganham tão mal como você supõe – rebateu Katherine. – Eu só acho que ambas exigem dedicação demais, nem sempre valem a pena em termos de satisfação pessoal. É o caso do magistério. Já pensou como deve ser difícil aguentar uma sala cheia de pivetes mal-educados, sem objetivos, e que não respeitam nem um pouco o professor? Não sei se é impressão minha, mas a cada geração parece que a coisa piora. É isso mesmo que você deseja?

– Eu sei que é um desafio e por isso me sinto estimulada a seguir nessa direção – argumentou Patty. – Cada vez mais os professores enfrentam várias dificuldades, já que os alunos chegam às escolas sem condições de aprender. Isso porque os pais nem sempre têm o preparo ideal pra educar os próprios filhos e não lhes dão uma boa base inicial. Hoje as escolas transmitem muitas informações aos alunos, mas nada falam sobre o que é essencial pra vida. Diante disso, cabe aos professores propor alternativas pra mudar essa situação e pensar no que fazer para melhorar a qualidade dos alunos. Muitos deles querem desistir e revoltam-se, pois percebem que aprendem pouco. Isso provoca uma reação em cadeia, na medida em que cria cidadãos insatisfeitos, mal preparados e que nem sempre conseguem bons empregos, o que aumenta ainda mais a sua revolta. Nessa fase de tantos desajustes familiares e crise econômica, as massas despreparadas se tornam mais densas. Mudar isso é um grande desafio, e se como educadora eu puder pelo menos fazer algo, pelo mínimo que seja, já valerá a pena.

– Acho bacana esse seu lado idealista, e são pessoas como você que fazem a diferença – elogiou Oliver. – É fundamental que cada um contribua pra reverter a baixa qualidade de vida. Se todos estabelecerem o propósito de buscar a permanente evolução e se dedicarem a isso, o futuro será bem melhor. Estamos enfrentando uma grave crise social e muitos professores não conseguem evitar o constrangimento emocional nas salas de aula. Para reverter isso é preciso estimular os estudantes a buscar o autoconhecimento e procurar saber sobre a vida de forma natural, eliminando o ódio e a revolta. É assim que se fortalece a individualidade e as pessoas aprendem a ter respeito e consideração pelo próximo. Acho que, além de aprender a ler, pensar com clareza e falar corretamente, eles também devem ter acesso aos ensinamentos sobre a vida pra entendê-la e, assim, estarem aptos a descobrir as artes, as ciências, e as profissões, tornando-se cidadãos úteis e benéficos. Compreendendo o significado da vida, tudo o mais se torna proveitoso e utilizável.

– Mas que admirável! Mais um idealista no grupo – disse Robert, tomando cuidado para não parecer nem irônico nem agressivo. – Você também pretende ser professor?

— Não — respondeu Oliver. — Assim como a Patty, eu também gosto de estudar e do ambiente acadêmico, mas não tenho vocação pra ensinar. Na verdade, quero ser pesquisador e trabalhar em prol da elevação da qualidade humana. E publicar livros sobre as experiências que acumular com esse trabalho. Mas ultimamente, por causa das comemorações de Darwin, me deu uma vontade enorme de estudar também Biologia, Antropologia e até Psiquiatria. Queria muito encontrar respostas sobre a origem do ser humano e também sobre o funcionamento da mente. Descobrir como se deu a evolução, de que maneira o cérebro humano se desenvolveu e as respostas pra tantas outras questões.

— Você não acha uma perda de tempo essa baboseira de encontrar a origem do homem? — perguntou Robert.

— Ora, Robert, somos humanos! Nada mais natural do que isso. Afinal, por que em vez de nos manter preocupados com tantas coisas fúteis e distantes da realidade, não nos ensinam que viemos para alcançar a paz e a felicidade, reconhecendo e atuando em conformidade com as leis invisíveis da evolução mencionadas por Darwin, e que a vida deveria ser maravilhosa, em vez dessa luta pelo poder que implica criar uma legião de escravos sem vontade própria?

— Uau, estou impressionado! — exclamou Robert. — Pelo visto você está mesmo empolgado com esse tema. Agora estou entendendo melhor por que você reagiu daquela forma quando eu interrompi o professor Kenneth. Você chegou até a mencionar um documento secreto de Darwin. É verdade? Ele existe mesmo? E como você descobriu essa informação?

Robert notou que, antes de responder, Penélope fez um sinal negativo com a cabeça para Oliver, mas de forma bem discreta para que ninguém percebesse. Oliver e Penélope intuíram simultaneamente, e com muita nitidez, que a pergunta tinha segundas intenções. Ele procurou ser cuidadoso examinando antecipadamente, em segundos, o que diria.

— Na verdade aquilo foi um boato. Eu vi algo sobre isso na internet, mas quando fui pesquisar a fundo descobri que era uma bobagem, sem nenhum fundamento. Mas e você, Robert, que carreira pretende seguir? Quais são os seus sonhos? — perguntou Oliver, aproveitando para desviar o assunto.

– Bem, estou estudando Economia e gostaria de trabalhar com finanças, comércio internacional e relações externas. Gosto muito de matemática e de viajar, mas principalmente, de ganhar dinheiro, mas muito dinheiro mesmo, fazer o dinheiro se multiplicar como os banqueiros suíços. Não tenho pudor nenhum em afirmar que sou ambicioso e que quero uma vida confortável e um padrão financeiro que me permita conhecer outros países, ter uma boa casa e comprar tudo do bom e do melhor. Acho o idealismo maravilhoso, mas a realidade não dá espaço pra sonhos – confessou Robert.

Penélope não se conteve e para entrar no debate fuzilou, zangada:
– Pois é exatamente aí que mora o perigo. Da cobiça sem freios surgiu o materialismo, introduzindo a competição e o egoísmo como comportamento padrão no lugar da cooperação e da consideração pelos direitos do próximo, e deu no que deu, no avanço da decadência da humanidade como fruto podre da astúcia. A Inglaterra foi celeiro de muitas mentes brilhantes, como Newton e sua maçã prodigiosa, Darwin, Malthus, Adam Smith, que acreditava que para a conquista do progresso a iniciativa privada deveria agir livremente, com pouca ou nenhuma intervenção governamental. H. G. Wells, que intuiu nos anos 1930 que havia um sentimento mundial de que uma grande mudança ou catástrofe eram iminentes, no entanto derivou para o socialismo ignorando o milagre da Criação.

Robert pigarreou diante do que estava ouvindo, mas Penélope não deu bola, e disse:
– Espera aí, eu ainda não terminei de falar, vejam que os estudiosos que vieram depois poderiam ter ampliado o saber e dado um curso benéfico para a trajetória da humanidade, mas faltou humildade espiritual e a participação de todas as capacitações com que os seres humanos foram dotados para a construção de um mundo melhor. Em vez disso, estão surgindo pelo mundo as distopias caóticas. Água e ar são bens de valor inestimável, pois sustentam a vida. No entanto, o dinheiro foi colocado acima de tudo o mais. Florestas destruídas. Enormes áreas devastadas. Rios e mares poluídos. Atitudes como reflorestar, sanear, despoluir, recuperar o solo não são levadas em consideração, pois não conferem renda financeira. Então, que futuro as novas gerações poderão esperar?

Oliver também entrou firme no tema e arrematou:

– Não foi por falta de avisos. No entanto, tudo se foi restringindo. A desenfreada ganância quase levou o mundo ao caos, mas a elite financeira, tendo em seu apoio as organizações governamentais, estava encantada com o aumento de poder e dos ganhos bilionários, sem olhar para o todo, pois queria dar continuidade ao festival. A realidade é que, dessa forma, a economia movida por bolhas especulativas se tornou insustentável, e hoje pagamos com a recessão, com o aumento do desemprego e a falta de esperança no futuro. Muitos colegas meus perderam o emprego e não sabem quando vão achar outro com o mesmo salário.

Antes que alguém falasse mais alguma coisa que pudesse criar certo clima de confronto, Patty adiantou-se:

– Agora que já definimos nosso futuro, que tal voltarmos ao presente? De repente me deu uma fome! Vamos pedir uma pizza?

– Uma só não. Várias! E cerveja! – arrematou Penélope, percebendo a intenção da amiga.

A noite transcorreu tranquila e, depois de se despedir de todos, Robert foi se encontrar com Giorgio Dark.

– Falei com Oliver sobre o tal documento e ele desconversou, dizendo que era uma bobagem que leu na internet. Mas tenho quase certeza de que ele e Penélope sabem de alguma coisa e estão escondendo de todos. Vi muito bem quando ela fez um sinal para que ele não dissesse nada. Eles não vão me contar. O que devo fazer?

– Ora, isso é simples. Basta arrumar um jeito de arrancar a verdade deles – respondeu Dark.

– De que jeito? – questionou Robert.

– Tirando deles aquilo que lhes é mais precioso. Vou lhe dizer exatamente o que você deve fazer – respondeu Dark.

Depois de receber todas as orientações, Robert voltou para casa, mas não conseguiu dormir naquela noite. Agora que conhecera melhor Patty, tudo o que acabara de ouvir de seu chefe o perturbava. Passou a madrugada pensando nos prós e contras da tarefa encomendada. De um lado avaliava os riscos e o quanto suas atitudes poderiam magoar a namorada, de quem começava a gostar de verdade. De outro lado, pensava não apenas no dinheiro que lhe fora prometido por Dark, mas também em sua ascensão profissional.

Afinal de contas, Dark era um empresário habilidoso que fazia investimentos diversificados, ultrapassando a instabilidade econômica, obtendo, ao contrário, ganhos fabulosos. Se tudo desse certo, ele passaria a ser um dos assessores de Dark, com direito a um ótimo salário e uma série de regalias. Após passar a madrugada toda refletindo, a ambição falou mais alto e ele dedicou o dia para planejar detalhadamente como iria superar o grande desafio para ingressar no mundo dos poderosos.

Naquela mesma noite, Master sonhara novamente com Annunziata. Eles estavam passeando em um bosque multicolorido e, a cada passo que davam, novas espécies de plantas e de flores surgiam no caminho. Depois de caminharem por um bom tempo apreciando os pássaros e uma série de pequenos animais que se esquivavam entre os arbustos, eles se sentaram sob uma árvore frondosa. Foi quando Annunziata revelou a Zaion que Darwin teve muitos seguidores, e que um deles teve um lampejo intuitivo, e fazendo pesquisas elaborou uma teoria na qual afirmava que a intuição é a manifestação do eu interior, e que esta é a chave para que a humanidade possa alcançar um sistema de vida benéfico, capaz de propiciar sua evolução total. Os sumérios que viveram na Caldeia foram o último povo que manteve o equilíbrio perfeito entre a mente e a intuição. No entanto, no mundo dos organismos vivos tudo se submete à lei da adaptação, fragilizando órgãos e membros em desuso, fortalecendo os demais.

– Em breve você encontrará esse documento e, no momento certo, a verdade será revelada – disse ela. – O estudo que você recebeu do Frei Benvindo não foi escrito por Darwin nem por algum de seus seguidores que queriam continuar sua obra. Ele foi elaborado por um perturbador que frequentava a casa de Darwin e se fazia passar por amigo, mas, na verdade, o invejava. Por causa da vaidade, ele forjou esse estudo na tentativa de validar suas convicções sobre a evolução da humanidade e achou que, se todos pensassem que Darwin o havia elaborado, teria maior aceitação e credibilidade. Inconscientemente, prestava um serviço às sombras do mal que querem a destruição da humanidade. Depois que o escreveu, imitando a letra e a assinatura de Darwin, o documento foi escondido em uma caixa, entre outros livros, em um local que ninguém tivesse acesso. O plano era esperar que Darwin, que já estava idoso e doente, morresse para então revelá-lo como sua última obra. Só que essa pessoa teve um ataque cardíaco e acabou falecendo antes, e o documento falso nunca chegou ao conhecimento do público.

Ao despertar do sonho, Zaion ficou pensando na revelação de Annunziata e sentiu suas esperanças renovadas. Em seu íntimo, sentia a necessidade de encontrar uma forma de levar as pessoas a ter uma nova visão, forte o suficiente sobre a existência, para estimular a adoção de medidas globais, que não tivessem a cobiça como a motivação, capazes de promover o desenvolvimento da economia respeitando os demais e o meio ambiente. Ele sonhava com o surgimento de governos sérios e independentes, dispostos a buscar soluções de qualidade em nível global, com distribuição da renda de forma equitativa entre os produtores de riqueza, impulsionando o verdadeiro progresso, saindo, desse modo, do padrão de que só os mais astutos e poderosos têm assegurada a conquista do poder e do que existe de melhor. Toda a estruturação da vida deveria estar a serviço do homem e sua evolução, pois é para isso que nos foi dada a oportunidade de viver na Terra. No entanto, houve uma inversão e a estrutura geral ficou voltada para o ganho financeiro e a conquista do poder terreno, esquecendo que devemos tudo ao Criador Todo-Poderoso.

O problema do despreparo das populações para enfrentar a vida e para o trabalho foi cultivado durante um longo período. Em um passado não muito distante, as pessoas não tinham tantas opções de escolaridade, e aprendiam com quem sabia viver e fazer na prática, resultando em um melhor entendimento sobre a vida, e o trabalho era sempre executado com dedicação e responsabilidade, não como autômatos.

Caberia às escolas oferecer às novas gerações um bom preparo para superar os desafios da vida com dignidade e contribuir para um mundo cada vez melhor. No entanto, o direcionamento da vida com primazia para o materialismo introduziu a competição e o egoísmo como comportamento-padrão, no lugar da cooperação e da consideração pelos direitos do próximo. Para o espírito observador, como Darwin, que tinha conexão com o eu interior e fazia questionamentos e reflexões intuitivas, a natureza, revelou a perfeição da obra da Criação e suas leis invisíveis. A Matemática e a Geometria estão presentes em toda a natureza. A ciência dos números conduz ao conceito do infinito, que se acha além das capacidades cognoscitivas do cérebro, mas o racionalista não quer entender isso, de que existe muito mais além da capacidade cerebral restrita ao tempo e espaço.

Com o passar do tempo, o cérebro foi se ajustando e se acomodando aos conceitos impostos. A espécie humana deveria evoluir sempre na direção do aprimoramento, do ser integral como os demais seres. Mas o crescimento das populações e a cultura de massa produziram uma interrupção que sufocou as potencialidades, eliminando as individualidades e favorecendo a estagnação. Entramos, então, em uma fase obscura em que os anseios e insatisfações das populações poderão irromper em incontidas revoltas sociais.

Os sistemas em que a liberdade sucumbe às manipulações e aos condicionamentos tornam o viver monótono, gerando o desinteresse, o desânimo e, consequentemente, a depressão em virtude da falta do sentido da vida. Os que se acham no topo conseguem agir com liberdade e criatividade e vibram com isso, mas os demais, ou seja, a massa de manobra sem vontade própria, deixam de contribuir para o bem por conta da estagnação e dos pensamentos negativos. O corpo humano forma um conjunto cujo grande papel cabe ao cérebro, um equipamento com mecanismos específicos que deveriam ser guiados pelo eu interior, o íntimo, a individualidade. Quando a vontade própria de adultos e crianças é reprimida, a plenitude do desenvolvimento e do potencial individual de cada um não é alcançada.

Se as famílias não conseguem mais prover uma base consistente de preparo, caberá aos educadores fornecer esse sustentáculo por meio de orientações corretas que contribuam para a compreensão do sentido da vida e para a formação e desenvolvimento de maior qualidade dos seres humanos, auxiliando-os a se tornarem aptos a buscar um autoaprendizado que atenda aos anseios da alma. Para sermos felizes é preciso saber viver, e para isso é preciso conhecer a origem e o significado da existência. Uma nova era de paz e progresso demanda uma nova escola.

Alunos e professores estão descontentes e entediados. Sua convivência não é alegre e descontraída. Não há motivação para o aprendizado e a educação regride. As escolas transmitem muitas informações aos alunos, mas sem apresentar o essencial da vida. Diante de tantas dificuldades, devemos pensar em como melhorar a qualidade "humana" dos alunos. Nesta época de tantos desajustes, as massas despreparadas se tornam mais densas. Os governos precisam encarar como prioridade as verdadeiras necessidades educacionais da população.

Ao desabrocharem, as novas gerações trazem dentro de si os mais caros ideais e acreditam que podem melhorar muito a humanidade. Ao passarem pela fase da adolescência, parecem pressentir toda a dor do mundo em um ímpeto renovador, mas logo são desviadas pela cartilha dos mais velhos que as conduzem para os interesses mais imediatistas. O impulso mais nobre é abafado e se perde no vazio, buscando as trilhas mais seguras que sufocam o eu interior, desviando-o de sua evolução natural. Elas precisam saber que o desenvolvimento cerebral harmônico nos capacita, automaticamente, a estarmos preparados a qualquer momento para intuir nitidamente as impressões que se precipitam sobre nós, e também pesá-las cuidadosamente, assim como examinarmos antecipadamente, e com cuidado, tudo o que sai de nós, sejam pensamentos, palavras ou ações.

Zaion tinha certeza de que Darwin esperava que outros dessem continuidade aos seus estudos complementando-os em suas lacunas, pois de baixo para cima não visualizava as conexões. Em suas análises sobre o comportamento dos animais, o naturalista inglês estava no caminho para a descoberta dos segredos do cérebro e seus mecanismos.

Hoje sabemos que todo o corpo humano é magnificamente estruturado para que possamos atuar de forma consciente. Mas o órgão mais complexo é inegavelmente o cérebro. Pesando cerca de 1,4 quilo, o cérebro executa atividades essenciais como controlar as emoções, fornecer elementos para cada decisão, capacitando-nos a entender o mundo que nos rodeia. No entanto, é necessário domá-lo para que não se torne tirano e nos desvie da finalidade principal da vida.

O ser humano deve permanecer atento para selecionar tudo o que seja bom para seu progresso, absorvendo essas informações de corpo e alma, retendo tudo o que é sábio e sadio, para que possa transformar seu querer em ação. Mas com a futilidade de seu pensamento desordenado e muito falatório, a mente se dispersa e raramente retém o essencial para uma vida construtiva, deixando de utilizar todo o seu potencial.

O estresse nos causa prejuízos, aumentando a irritação e a insatisfação, deixando-nos superpreocupados com as mais diversas questões em momentos inoportunos. Devemos aprender a viver no presente, mantendo a mente ocupada com atividades úteis e benéficas, observando o que estamos fazendo no momento, não permitindo que ela se distancie para examinar coisas que faremos mais tarde ou amanhã. É muito difícil viver o momento porque deixamos o cérebro mal-acostumado, vagando a esmo. Viver o presente é estar inteiro em cada momento e ao lado das pessoas que estiverem em nossa companhia.

Para conservarmos o cérebro e a memória em bom estado, é muito importante termos como meta o autoaprendizado contínuo. As atividades físicas também beneficiam o coração e a mente. Muitas vezes permitimos que os pensamentos se fixem na lembrança de fatos e acontecimentos negativos do passado, remoendo lixo mental que há muito já deveria ter sido excluído definitivamente da memória.

Se não estivermos atentos, o cérebro se torna dominador, colocando-se sempre em evidência, impedindo a atuação do eu interior que precisa ser fortalecido por meio da vontade. Passear em bosques e jardins também é muito favorável. A maneira de fortalecer o eu interior é prestar atenção ao que estamos fazendo, no que estamos pensando e cortar as superficialidades. A intuição tem a capacidade de orientar o pensamento lógico e coerente a um raciocínio lúcido, o que, por sua vez, favorece a atuação da intuição. Quando raciocinamos com lucidez, o eu interior está atuante e isso nos permite decidir com segurança, sem vacilar.

Capítulo 9

As Ambições de Dark e Seu Grupo

    Enquanto Dark aguardava convidados para um encontro secreto em uma casa afastada da cidade, imaginava a forma como iria expor a eles suas preocupações. Aos poucos e discretamente, seus aliados iam chegando. Como de costume, em vez de nomes, utilizaram apenas seus pseudônimos: Inglês, Francês, Alemão e Americano. Mais ninguém sabia desse encontro, a não ser eles, e nenhum registro seria feito do evento. Confortavelmente sentados, Dark deu início à conversa:

    – Vocês sabem que desde longa data temos usado todos os meios para assegurar o controle da situação, produzir onde o custo de produção seja o mais conveniente, garantir o acesso às matérias-primas e impedir a chegada de intrusos arrivistas, ou facções rivais desejosas de arrebatar o poder que conquistamos tenazmente. Seguimos criando cenários que induzam a população a um comportamento que favoreça nossos planos. Os especialistas estão atualizando as técnicas para melhorar a eficiência. Para isso tem sido essencial a cooperação das organizações governamentais cujos dirigentes se afinam com nossos objetivos.

    – É verdade – disse Francês, e continuou: – Sempre estivemos atentos para evitar o surgimento de oponentes, mantendo sob controle os mercados, os consumidores e os recursos naturais.

    – Temos mantido as populações dispostas a executar suas tarefas – continuou Dark. – Temos mostrado que as pessoas têm de viver, trabalhar, consumir, educar os filhos, praticar o necessário lazer, mas agora está surgindo uma nova ameaça. Há uma grande expectativa em torno de um suposto documento antigo que teria sido deixado por Darwin, que, se divulgado, poderia despertar a massa, incentivando-a a abrir os olhos e refletir intuitivamente sobre a vida.

– Mas como? – perguntou Americano. – Fizemos tudo para manter o entretenimento e bloquear o aprofundamento nas questões esotéricas, pois o ser humano não deve perder tempo com essas bobagens que não podemos provar com o raciocínio, nosso maior aliado.

– Então teremos de fazer mais ainda, para que não haja desvios e perda de tempo na procura do sentido da vida – respondeu Alemão. – Mas vamos continuar ouvindo o que Dark tem a nos dizer.

– Novos riscos começam a surgir. Se as pessoas começarem a refletir com lucidez sobre a vida e seu significado e sobre a forma como estão despendendo seu tempo, será impossível segurar revoltas e radicalismos que estão surgindo com o aumento da fome no mundo, são eventos esporádicos que surgem sem que se espere por eles, como os "cisnes negros", isto é, eventos fora do controle e das expectativas gerais, causando impacto econômico e social. Vamos continuar atuando sobre as novas gerações, distraindo-as com jogos e incentivando a precocidade sexual, pois assim se tornarão mais dóceis e acomodados. Temos de manter a manada em dormência, e para isso os especialistas já estão concluindo suas pesquisas que vão indicar os meios para manter a situação como está. Vamos descobrir o que as pessoas querem para que permaneçam entretidas sem se preocupar seriamente com a vida. O sonho do consumo é muito poderoso e adormece tudo o mais nos seres humanos, como também a disposição para refletir sobre os porquês da vida.

Com seu pragmatismo, Inglês complementou:

– É preciso impedir a formação de mentes muito lúcidas movidas pelo espírito, pois desde longa data esses tipos sempre têm nos causado aborrecimentos. Temos diluído o reconhecimento das causas das dificuldades com a fragmentação das notícias e informações superficiais, pois o raciocínio lúcido desperta a intuição, mas também temos de ver para onde vai a Internet. Não podemos permitir que sejam criadas oportunidades que levem a reflexões intuitivas.

O fluxo de informações fragmentadas tem de ser mantido, fazendo com que a cabeça das pessoas fique zanzando de um lado para outro sem tempo nem vontade para refletir.

Dark prosseguiu:

– Como controladores, adaptamos os princípios de Darwin e de Malthus como sendo os parâmetros para nossa conduta e que nos incentivam em nossa estratégia. Não podemos esmorecer para conservar o que conquistamos, pois, conforme nossa experiência, só os mais aptos poderão permanecer nessa luta competitiva pela sobrevivência, pois os recursos da natureza são limitados e pertencem aos que chegarem primeiro e mostrarem força para controlar, já que a economia e a produção dependem da natureza. Poderemos ter o aumento de guerras comerciais e redução dos lucros com a percepção de que muitos recursos estão se tornando escassos, mas não permitiremos a perda do controle conquistado.

– Sendo assim, vamos preservar o controle por meio da finança geral e da mídia, garantidas pelo potencial militar, sem precisar exercer controle territorial ostensivo – completou Americano. – Sabemos que o dinheiro concede poder ao seu possuidor, por isso jamais descuidaremos do controle de sua movimentação, buscando as oportunas aplicações que o façam crescer de forma permanente em nossas mãos. Conseguimos um grande avanço, fazendo com que os agentes de governo tenham interesses em nossos propósitos.

– Sim, e quando as coisas se complicam temos de produzir crises para que tudo volte ao seu lugar, mas há uma maré de agitação que está crescendo com a permanência da crise econômica e limitação dos recursos naturais – salientou Francês. – Como vamos cuidar dessa ameaça representada pela descoberta de novas informações sobre as ideias de Darwin?

– Não será por causa dessa simples ameaça que vamos interromper nossos planos de controle e padronização do comportamento das massas – sentenciou Dark. – Estamos elaborando um plano para impedir que essas supostas informações sobre Darwin se tornem de conhecimento público, pois a cultura materialista é que vai prevalecer. As pessoas têm de aceitar nossas verdades sem pestanejar, como sempre foi. Vamos ter acesso a esses documentos de uma forma ou de outra, mas cuidaremos para que o conteúdo fique inacessível e, assim, prosseguiremos com nossos planos, como sempre fizemos, eliminando tudo que possa se constituir uma ameaça ao que conquistamos com nossa sagacidade, seja por intermédio do convencimento ou da força. Estar no controle do dinheiro, do poder e da população do planeta vale qualquer sacrifício.

Capítulo 10

Os Ideais Humanitários de Zaion

Era dia de um novo encontro dos membros da Fraternidade Ametista. A pauta: analisar o agravamento da decadência da humanidade, o aumento da violência e o embrutecimento da vida.

Zaion começou explanar a crítica situação:

– Após milênios percorrendo o curso evolutivo, os seres humanos deveriam ter mantido firmemente a conexão com o mundo espiritual de onde provêm, reunindo em si todo o resultado do desenvolvimento até agora. No entanto, acabaram estagnando na indolência e preguiça, atrofiando as capacitações do espírito. Nesta altura do tempo, deveríamos ter alcançado o saber total da Criação e o reconhecimento da grandeza do Criador, para o viver com plenitude, em paz e alegria, com conforto material, saúde e com a atividade espiritual voltada para o continuado aprimoramento geral da vida. Mas, ao contrário, a espécie humana se encontra muito aquém do lugar onde deveria estar, permanecendo no erro quanto ao preparo das novas gerações para a vida. A Criação e a vida seguem leis invisíveis e inflexíveis. Com sua livre vontade, a humanidade e os indivíduos traçam seu destino produzindo as consequências, conhecidas como lei da reciprocidade, ou, em linguagem mais simples e natural, a colheita. Os humanos não alcançaram a esperada evolução espiritual e se acorrentaram à Terra. Bilhões de espíritos imaturos buscam uma nova encarnação. Buscar a Luz da Verdade levaria ao saber real, mas a humanidade é acomodada e sofisticada demais para buscar a clareza na simplicidade e naturalidade.

Zaion ressaltou que o mundo entrou em uma fase de grandes transformações promovidas pela atuação das leis cósmicas que regem a Criação, com acontecimentos inesperados que escapam ao controle e que alguns chamam de "cisnes negros". Os velhos remédios não surtem mais o efeito esperado, o que desorienta os especialistas e a população em geral. No mundo e no Brasil adentramos em uma fase de inquietação quanto ao futuro. Torna-se indispensável que haja conscientização e serenidade, pois em épocas de crise há uma tendência para o radicalismo decorrente do medo e do pânico, cujos efeitos podem ser o oposto do desejado. Falta lucidez nos cérebros estressados e muitas vezes coragem para fazer o que é certo. Um sentimento de desilusão toma conta da humanidade.

– E o que fazem as autoridades? – perguntou Viveca.

Antes que Master desse a resposta, Carlo Arnaboldi pediu a palavra, pois queria falar sobre os cisnes negros:

– Temos de imaginar esse conceito de Cisne Negro como sendo a resultante extravagante de ações anteriores, pois o grande cisne negro da atualidade é a aceleração dos efeitos. Enquanto no passado o ciclo girava com lentidão, agora, com tanta pressão da energia cósmica, os cisnes estão logo aparecendo. Como existem muitos processos desenvolvidos sem grandes preocupações com o futuro, é grande a probabilidade de estarmos na safra dos ditos negrões.

– Excelente, Carlo, agora respondendo à pergunta de Viveca, observamos que nem mesmo os organismos governamentais e os profundos conhecedores da economia conseguiram até agora desenvolver um plano que produza o crescimento harmônico e estável a tantos países afundados em dívidas crescentes e com a economia estagnada. Precisamos de um projeto que promova o aumento da qualidade humana para alcançarmos desenvolvimento econômico de qualidade, em paz. As pessoas estão indolentes e desorientadas, até mesmo no Brasil, considerado o país da amizade. Como bem afirmou a jornalista russa Oksana Zhavornikina, durante um programa televisivo com correspondentes internacionais: "Sinto pena que os brasileiros dão pouca importância ao seu país. O Brasil é um país maravilhoso que ficou mais pertinho do Céu, de Deus. É um lugar que vale a pena conhecer porque tem uma alma, um espírito especial".

– É verdade – comentou Brenda. – Quanto mais passa o tempo mais indolentes os seres humanos se tornam, buscando a estrada larga do comodismo que os poupe de pensar por si próprios para que possam se entregar de corpo e alma aos seus pendores. Enfim, o mundo precisa buscar uma nova era de paz e progresso que vise à efetiva humanização do planeta.

Zaion prosseguiu:

– Brenda, na verdade, o que está em andamento atualmente é um projeto de uniformização das massas para implantação do sistema global de produção, que necessita da padronização dos mercados para ampla penetração. Mas a evolução espiritual da humanidade, que deveria ser alcançada após um determinado número de encarnações, não implica a uniformização geral; ao contrário, a diversidade e as individualidades devem acompanhar a evolução e produzir benefícios; uniformes mesmo são as leis naturais da Criação que regem a evolução e o aprimoramento, as quais precisam ser reconhecidas e observadas em todas as latitudes para benefício com o aproveitamento das forças portadoras da vontade do Criador. As individualidades são inatas, enquanto a diversidade se refere à adaptação aos aspectos regionais do planeta.

E continuou:

– Quando tudo vai se tornando uniformizado, as bases existentes dos costumes e cultura são sufocadas por costumes padronizados vindos de fora e disseminados pela mídia, deixando os jovens sem ter as bases transmitidas de geração em geração para se apoiar, o que se agrava com a crise econômica e a precarização geral decorrente. A vida passa a ser a busca do entretenimento e prazer imediato em razão da falta da visão de melhor futuro. As massas se agarram com sofreguidão aos deleites proporcionados pelo circo eletrônico, cuja invasão é bem recebida nas casas e nas mentes. Aos poucos, a visão materialista da vida única vai tomando o espaço da visão espiritualista, e o ateísmo passa a ser aceito como normal. Nascimento e morte perdem o significado espiritual, e muitas vezes o corpo inerte abandonado pela alma passa a ser considerado como um traste inconveniente que precisa ser descartado.

– Tem razão, Zaion – disse Bárbara. – A uniformização da percepção do mundo está levando as pessoas a uma visão pessimista, reforçada pela crença da vida única decorrente do avanço do materialismo que vai soterrando a essência espiritual do ser humano, mas a vida vai se tornando vazia e sem sentido.

– Exatamente, Bárbara – continuou Zaion. – No entanto, nada surge por acaso, pois tudo tem uma razão de ser, especialmente no tocante ao ser humano, na grande lógica da evolução que deveria conduzir na direção da autoconsciência do ser, em vez dessa figura apática e desinteressada em relação à própria vida que se tornou o homem do século XXI. Cada vez mais as pessoas são levadas a crer que nada mais existe após a morte do corpo terreno.

Humberto Sanches também quis dar seu parecer:

– De século em século, em vez de caminhar na direção da verdadeira evolução, a humanidade tem sido conduzida para o oposto do que era desejado. Jesus indicou claramente que os humanos se afastassem da estrada larga do comodismo, buscando conscientemente examinar e verificar tudo que lhes fosse apresentado, e refletir intuitivamente para distinguir a verdade da mentira sobre a finalidade da vida. No entanto, o comodismo, a preguiça de pensar por si e a indolência espiritual continuam sendo reforçados. O comodismo travou o prosseguimento da evolução permanente a ser alcançada pelos seres humanos mediante sua livre decisão reforçada pela reflexão intuitiva. Em consequência, se agrilhoaram ao peso da matéria, sem adquirir as necessárias condições para se elevarem.

– Sabe, acho que a indolência decorre do aprisionamento à matéria – acrescentou Viveca Sanches. – Tendo bloqueado a conexão com o mundo espiritual, o ser humano foi conduzido para uma estrada que leva cada vez mais para baixo. Vocês sabem que, quanto mais descemos, menos enxergamos. Acreditar em uma vida só foi a grande armadilha que fez do ser humano esse ser esquisito que mais se assemelha a um robô incapaz de ver a própria trajetória de decadência.

– Mas não é só isso – disse Malik, o africano que tudo ouvia atentamente. – Diariamente estão surgindo novas dificuldades para ser enfrentadas nas grandes cidades. Ar seco, poluição, escassez de água, violência. As coisas se complicam sem que as pessoas possam fugir. São fios do destino que estão retornando cada vez mais rapidamente, como consequências do que fizemos de bom e de ruim.

Temos de manter a serenidade e resolver tudo com o movimento certo que sempre auxilia a alcançar o bom resultado.

Humberto Sanches continuou:

– Há muitas coisas que poderiam ser feitas. São inegáveis os estragos que a poluição já causou ao planeta Terra. Há questões que permanecem descuidadas, como a derrubada de florestas, a destruição dos mananciais, a falta de saneamento básico, a poluição dos rios que deságuam nos mares, a mineração. Falta vontade para resolver o problema do esgoto e do saneamento, que vai se agravando dia a dia com o aumento de lixo e dejetos. Precisamos fazer um estudo, encontrar formas baratas e viáveis para exigir a mudança desse *status quo*. Preservar os mananciais é essencial. Outra coisa simples: programar o plantio de árvores nas áreas degradadas das cidades e do interior. Por que não se aproveitam esses terrenos para o plantio de hortas? São pequenas ações que podem modificar a paisagem e a qualidade de vida.

– Não podemos esquecer que tudo isso tem a ver com a educação – disse Bárbara. – Não se trata só de diploma. Não se trata apenas de saber ler e escrever, mas de ter lucidez no raciocínio, clareza no pensar, bom senso, objetivos definidos. Isso não tem recebido a devida atenção, havendo mesmo um descaso e desvios. A boa educação começa em casa. Assim se faz um país. Na primeira infância se formam as bases; descuidando disso, no futuro, fica tudo bem mais difícil.

Zaion se alegrou com os comentários, pois via como seus companheiros estavam atentos e percebiam as grandes conexões que levaram os humanos a não se ocupar seriamente com a melhora das condições gerais de vida no planeta, sendo cada vez mais levados unilateralmente pelas influências criadas pelo materialismo e seu ídolo, o dinheiro. Na verdade, não é o poder do capital que formata o mundo. São os homens que, ao adquirir poder com o dinheiro, querem impor seus desejos aos outros. Melhor exemplo disso é o da economia escravocrata que produziu muita riqueza, mas nada deixou para os que trabalhavam. Obter lucro é legítimo; errada é a exploração do homem pelo homem.

– Estou de pleno acordo com vocês, meus caros amigos – disse Zaion. – Quanto mais os homens bloquearam a voz do espírito, mais se apegaram à matéria, apagando pouco a pouco a lembrança de sua origem, e tudo foi perdendo calor enquanto aumentava a aspereza entre os seres humanos. O resultado foi o crescente apego ao dinheiro, pois ele, no mundo material, concede poder ao seu possuidor. Quanto mais dinheiro, mais poder, gerando um irracional desejo de acumular sem fim por todos os meios, lícitos ou ilícitos.

– Certo, Zaion – disse Ivan Ruiz. – Mas essa é uma forma estúpida de viver, pois no desenlace nada poderá ser levado, tudo vai ficar na Terra. Estamos diante de uma situação comprometedora. Ao perder o contato com o mundo espiritual, o homem perdeu a visão idealista que anseia pela evolução, entregando-se ao mundo perecível. Tudo convergiu exclusivamente para alvos terrenos afastados da espiritualidade. Assim, tudo conduz para a formação irrestrita do homem que vive para consumir. A cultura materialista, amplamente divulgada, caminha nessa direção. O mundo do espetáculo e as celebridades promovem a indiferença e o desinteresse pela busca do sentido da vida, formatando as pessoas pela continuada invasão de suas mentes abertas pela indolência.

– É verdade, Ivan – concordou Zaion. – O homem, em sua ânsia materialista de cobiça pelo poder terreno e prazeres, se torna insaciável, e não lhe passa pela cabeça o desejo de contribuir para a melhora geral e aprimoramento da própria espécie. Com isso, semeia a ruína, pois em sua arrogância presume que tudo pode, sem precisar observar as leis do Criador que em tudo auxiliam o progresso dos seres humanos, mas também atuarão contra eles se não forem observadas.

Era evidente que os homens e as mulheres ali reunidos tinham a forte vontade de prestar uma ajuda efetiva ao progresso da humanidade. A conversa prosseguia séria, porém, em tom alegre, pois estava plenamente inserida na lei da Criação do dar e receber. Eles recebiam a força do contentamento por sua atuação desinteressada em prol do bem.

Carlo Arnaboldi, que até então se mantivera calado, falou:

– Não está certo dizer que se trata de culpa do capitalismo como se fosse algo independente que produz o mal, pois a alma do homem, que deveria ansiar pela nobreza e elevação, anseia pelos prazeres e dinheiro com todo o seu ser, gerando esse mundo hostil que nos abate, fazendo da vida dos seres humanos uma renhida luta pela sobrevivência.

— Devemos lembrar que a natureza tudo nos oferece — disse Jean Baptista Louber, e continuou: — Mas homens cobiçosos foram se postando à frente, segurando tudo para si com as duas mãos, pouco se importando se com isso espalhariam miséria pelo mundo.

É verdade — disse Malik. — Basta olhar para o continente africano, de onde todas as riquezas existentes foram saqueadas: animais, minerais, diamantes, inclusive com a escravização. Não me admiraria nada se me dissessem que muitos dos atuais africanos são os espíritos dos exploradores hoje reencarnados, sofrendo as consequências de sua maldade, pois assim são as leis da Criação. Precisamos de governantes empenhados com a trajetória evolutiva da humanidade, possibilitando o fortalecimento da população e sua independência. Felizmente, o comunismo e o cerceamento à liberdade perderam espaço, mas os governantes têm sido dóceis aos interesses do poder econômico, ampliando a dependência e administrando os recursos públicos com incompetência.

— Não só isso, meu caro Malik — complementou Brenda, com tom de revolta. As crises irrompem em todos os lados, como consequência das ações humanas em desacordo com as leis da Criação. Agora, muitos especialistas atribuem o aumento da miséria e das dificuldades ao aquecimento global, mas se esquecem de olhar para a origem desse aquecimento. Novos e severos desafios que mostram a força das leis naturais deveriam unir a humanidade, mas os conflitos, disputas e violências gerados pela cobiça continuam pelo mundo.

— Falta a reflexão intuitiva — refletiu Viveca. — Por isso, tudo se complica; os jovens são desde cedo afastados das reflexões intuitivas que a adolescência desperta. O cenário no qual estamos vivendo atualmente é de uma confusão desoladora provocada pelos sofismas do raciocínio. Os pais continuam descuidados com a geração de filhos. Gerar seres humanos é uma alta responsabilidade nem sempre levada a sério. No desmazelo, são atraídas almas doentes que encontram um ambiente pouco favorável para a sanidade cerebral já na primeira infância; cérebros que vão sendo alimentados por imagens de insatisfação, ódio, violência. Cérebros avantajados, desconectados da alma que vão sendo preparados para o que de pior o homem pode produzir, seja nas elites ou nas periferias degradadas. Falta o reconhecimento do significado da vida, faltam alvos enobrecedores da espécie humana.

– Chega de teoria vã distante da realidade – disse Bárbara, enfaticamente. – É preciso olhar objetivamente para os fatos. Há uma forte pressão que quer perpetuar o marasmo e o apagão mental, pois faltam iniciativa, bom senso, lucidez e a consideração. Há uma pressão que visa destruir a juventude. Como fazer que os jovens entendam que somos seres humanos e que devemos procurar o significado da vida e suas leis? Temos de pensar nisso: como despertar os jovens para que se movimentem confiantemente no futuro?

Zaion respirou fundo olhando bem para seus amigos, como se estivesse sinalizando que já tinham um consenso, e com sua voz clara e firme disse:

– Caros amigos, convém conversarmos também sobre evolução e adaptação. O ser humano tem em sua caixa craniana dois cérebros: o frontal e o posterior, conhecido como cerebelo. Enquanto à parte frontal do cérebro cabe o trabalho ligado à matéria, ao espaço e tempo, o cerebelo deveria funcionar como receptor do espírito, o núcleo que vivifica o corpo material. Admirando a capacidade do raciocínio, o ser humano deu primazia ao cérebro frontal, descuidando do cerebelo. Como Darwin descobriu, na natureza tudo se sujeita à adaptação, ficando o desenvolvimento do cerebelo prejudicado, enquanto o trabalho do cérebro fortalecido foi algemando o ser humano à matéria pela reduzida pressão do espiritual no cerebelo enfraquecido.

– Realmente esse é um profundo conhecimento que a humanidade intelectiva não consegue perceber. Ao descuidar do cerebelo, o ser humano acabou sendo menos da metade do que poderia ser; assim, suas obras já surgem defeituosas – disse Carlo Arnaboldi – e, além disso, nem utiliza todo o potencial do cérebro.

– Gostaria de também dizer algo sobre o coração – continuou Brenda. – Diz a Mensagem do Graal: "O espírito não se manifesta no raciocínio, e sim nas intuições, mostrando-se somente naquilo que de um modo geral se denomina 'coração'. Exatamente do que os atuais seres humanos de raciocínio, desmedidamente orgulhosos de si mesmos, escarnecem e ridicularizam prazerosamente. Zombam assim do que há de mais valioso no ser humano, sim, exatamente daquilo que faz do ser humano realmente um ser humano!".

Zaion prosseguiu:

– Vocês todos estão certos. Essa é a causa primeira da decadência geral e do caos que se formou. Lamentavelmente a deterioração do planeta ficou diluída pela forma fragmentada das notícias e informações e pela falta de objetividade nos centros de pesquisa que não se ocupam com profundidade do reconhecimento das leis naturais da Criação e seus efeitos. Na natureza tudo é movimento sadio visando à adaptação e à evolução, mas os homens querem entender que a luta na natureza seja indicativo para atingir suas cobiças por meio da truculência e dominação. Agora há os que querem fazer a defesa da natureza misturando com política ou ideologias. Isso é um absurdo, pois a preservação da sustentabilidade é vital para a humanidade por si. Da mesma forma, o ser humano não pode continuar sendo afastado do significado espiritual da vida em suas sucessivas reencarnações, que visam à busca do autoaprimoramento. Durante séculos os seres humanos estão pressionando exclusivamente o cérebro frontal e seus hemisférios, travando o espírito, sufocando o eu interior, sendo especialmente incentivados a chafurdar na mentira, pendores e nos vícios. Aceitando isso indolentemente, estão jogando fora o precioso tempo concedido para evoluir.

– E tem mais – disse Brenda: – Através dos pensamentos negativos, os seres humanos atraem a igual espécie que contamina o ambiente, seja no lar ou no trabalho. Formas de descontentamento e o mau humor tomam espaço no cérebro e se fortalecem pelo raciocínio cismador. Se não houver a contrapressão da vontade intuitiva para o bem, as trevas tomam conta.

– Realmente – disse Zaion –, a época é de incertezas e inquietações. O raciocínio geralmente leva o pensamento para o foco da insatisfação, onde é preciso força de vontade para manter o espírito alegre e não ficar se inquietando negativamente. A humanidade não pode mais continuar desviando a força impulsionadora da Criação para trilhas erradas. Antes de encerrarmos a reunião, quero acrescentar algo muito importante: temos de deixar clara nossa meta; nós não somos políticos, não visamos ao poder, mas somos categoricamente a favor do progresso real da humanidade, espiritual e material, do presente e do futuro, para que os seres humanos cumpram sua real finalidade da evolução. Sem o envolvimento das novas gerações nesse alvo, o futuro se tornará incerto e ameaçador.

Outro grande perigo no processo evolutivo será o surgimento de alterações na caixa craniana decorrente dos hábitos adquiridos com os novos produtos eletrônicos utilizados pelas crianças desde a mais tenra idade. O ser humano perdeu a visão do significado e propósito da vida, enveredou pela vida material como se fosse única esquecendo-se da alma que precisa e deve atuar beneficiadoramente com a colaboração do cérebro, que separado da alma, se torna dominante devido à sua restrição egoística, agindo com astúcia para acobertar a sua cobiça e desconfiança. Em sua ansiedade crescente, nada o satisfaz plenamente, impedindo a serenidade. O homem vai tendendo a ser como as máquinas de inteligência artificial sem alma, reduzindo a si mesmo e a sua dimensão humana. O cérebro, deixado sem controle, nega-se a ser o instrumento a serviço do querer da alma consciente, que hoje se encontra algemada e precisa ser despertada para atuação consciente.

Os jovens precisam conhecer as leis naturais que regem a Criação. As mais conhecidas são três: A da gravidade, a da atração das iguais espécies e a da reciprocidade, que traz de volta as consequências das decisões dos indivíduos. Na vida não há um determinismo pré-estabelecido. A grande variável que influencia o movimento conjunto das leis é a livre decisão dos seres humanos, tanto em seu lado visível, que se exterioriza nas ações, como no invisível, o das intenções ocultas, boas ou más. Por isso, para os indivíduos conscientes, a mudança de rota é possível com a mudança de sintonização. No conjunto dos povos, em longo prazo, fica mais fácil prever o que vem pela frente, caos ou melhor futuro.

Saudado com calorosas palmas dos participantes, Zaion deu por encerrado encontro, pois tinham muito a fazer.

Capítulo 11

Troca da Guarda

Após arquitetar cuidadosamente um plano de ação para descobrir o que Oliver estava escondendo e revelar para Dark tudo que ele queria saber, Robert pôs sua estratégia em prática. O primeiro passo foi convencer o grupo de amigos a ir com ele até Londres para assistir à solenidade da troca da guarda do Palácio de Buckingham. Ele aproveitou o fato de Patrizia ser italiana e de ter lhe revelado que nunca tinha visto essa cerimônia.

– Essa solenidade – argumentou Robert – acontece quase diariamente, a partir do mês de maio até o final do ano, sempre às 11h30. Trata-se da troca da guarda que protege as residências oficiais da família real: o Palácio de Buckingham, o Palácio Saint James e o Castelo de Windsor. Durante a cerimônia, um regimento chega marchando pra assumir a guarda do palácio e o que estava anteriormente se retira, também marchando, ambos acompanhados por uma banda. Tudo dura cerca de 30 minutos. É muito legal e reúne um monte de turistas. Depois podemos aproveitar pra dar um giro por Londres. Que tal? Estamos estudando tanto que merecemos uma folga.

– É, acho uma boa ideia – concordou Clarence. – Além disso, Londres fica a apenas 80 quilômetros de Cambridge e, segundo a meteorologia, amanhã deveremos ter um bom tempo, com céu claro e sol.

– Oba, vamos sim – disse Penélope. – Estou mesmo precisando fazer umas comprinhas. Você também vai, não é, Oliver?

– Não sei, Penny, ainda tenho que finalizar alguns trabalhos e vocês pretendem ficar fora o dia todo – respondeu Oliver.

– Um dia só de folga não é o fim do mundo – argumentou Robert. – Pelo contrário, vai te ajudar a relaxar e descansar um pouco. Assim ficará mais vitalizado pra estudar no dia seguinte.

– Ah, vem com a gente, Oliver – reforçou Penélope. – Faz tempo que não passeamos um pouco. Vai nos fazer bem.

– Ok, vocês venceram – concordou Oliver. – Mas não vou poder ficar o dia todo fora. Tenho que voltar logo no começo da tarde.

– Eu gostaria de ir, mas, assim como Oliver, não vou poder ficar o dia todo. Eu e Phillip temos que concluir um trabalho que será apresentado na próxima semana – disse Clarence.

– Podemos ir com dois carros. Assim, depois do almoço o Clarence e o Phillip podem voltar com o Oliver e eu levo as meninas no final da tarde, depois que fizerem as compras – sugeriu Robert.

Todos concordaram e ficou acertado que sairiam no dia seguinte bem cedo. Ao voltar para casa, Robert fez um telefonema:

– Estou bem próximo de conseguir o que desejamos. Amanhã vou precisar de ajuda. Avise os rapazes. Será mais fácil do que eu tinha imaginado. Eu ficarei na cidade com as meninas e irei acompanhá-las às compras, certo? – e desligou satisfeito.

No dia seguinte, os jovens se encontraram no centro de Cambridge e seguiram rumo a Londres. Penélope e Phillip viajaram no carro de Oliver e Patrizia; Katherine e Clarence, no de Robert.

Em frente ao Palácio de Buckingham, uma multidão de turistas se aglomerava para ver a cerimônia da troca da guarda. Os jovens, que haviam chegado cedo, conseguiram ficar bem perto dos portões e puderam assistir ao espetáculo de uma posição privilegiada.

Giorgio Dark também se encontrava no local, do outro lado da rua, e de longe observava o grupo de amigos. Ao olhar para Oliver, lembrou-se de Zaion. Ele identificava naquele rapaz o mesmo carisma, poder de liderança e integridade de seu maior rival. Ao ouvir o som da banda do batalhão da guarda real, Dark teve uma recordação do tempo em que estudava no colégio interno na Suíça. Ele, Zaion e outros colegas preparavam-se para assistir a uma partida de futebol da Copa do Mundo. Um dos times em campo era do Brasil, país em que Zaion nasceu e viveu boa parte de sua juventude. Ao ouvir o Hino Nacional, os olhos de Master se encheram de lágrimas e ele começou a cantar com grande emoção:

"Ouviram do Ipiranga as margens plácidas. De um povo heroico o brado retumbante. E o sol da liberdade, em raios fúlgidos, Brilhou no céu da pátria nesse instante."

Já naquela idade, Zaion percebia que o homem devia aproveitar o sol da liberdade. Inconscientemente, esforçava-se por contatar o eu interior por meio do conhecimento, deixando de ser um escravo dos vícios e paixões para se tornar um verdadeiro ser humano. Essa nobreza de sentimentos se refletia no entusiasmo com que cantava o hino de seu país. Aquela cena provocou em Dark um forte mal-estar. Ele não entendia a espontaneidade de Master, julgando-o pretensioso, achando que queria apenas parecer superior perante seus colegas.

Aqueles que se acorrentam ao mundo material através do cérebro frontal, tanto os intelectuais quanto os iletrados, tornam-se incompletos, isto é, neles o coração não atua através da intuição.

São seres que se assemelham a robôs, faltando-lhes o essencial, pois pensam apenas na satisfação das necessidades básicas e cobiças e em como manter a mente distraída para não terem de pensar no que devem fazer com suas vidas. Master e seus amigos percebiam o rumo em que o mundo caminhava, chegando a um limite crítico. Os homens de visão estreita são imediatistas, e são esses que iludem as massas com promessas e paliativos de forma irresponsável, e quando as coisas apertam, não vacilam em jogar os encargos sobre os outros.

Infelizmente, pessoas como Dark perderam o respeito e a consideração pelo próximo, pensando apenas em si mesmas, sem se preocupar com a melhora das condições de vida. Dark encarnava o tipo de pessoa totalmente racional, intelectivo e ligado exclusivamente ao materialismo e aos seus interesses egoísticos, tornando-se pobre de espírito, recusando tudo o que não conseguia compreender pela razão. Mas, no íntimo, ele sabia que havia algo mais do que seu cérebro captava. Justamente por temer o incompreensível por meio do intelecto, essas pessoas se tornam maldosas e perigosas, ameaçando todo aquele que não se deixa submeter por essa rigidez.

Em seu íntimo, Dark queria subjugar Master a qualquer preço, mesmo sabendo que prejudicaria aquele homem que tanto invejava, já que a desconfiança não permitia um trabalho em conjunto. Mas, para ele, o mundo pertence aos mais sagazes, aos vencedores na luta pela sobrevivência, àqueles que sabem atrair para si as atenções das mulheres com o acúmulo de tesouros e apropriação de diversos valores. E Oliver, que de certa forma lembrava o jovem Henrique Zaion, o ajudaria a derrotar seu maior rival, mesmo sem saber.

    Alheios à divagação de Dark, o grupo de amigos assistiu à cerimônia até o final. Depois, aproveitaram para dar um passeio pela cidade, apreciando a bela arquitetura e algumas particularidades de Londres que encantam os turistas, como a Torre do Palácio de Westminster, também conhecida como Big Ben, onde funciona o Parlamento inglês e que, desde 1859, marca o horário do mundo, a partir do Meridiano de Greenwish. Os jovens também apreciaram o Millennium Mile, o trecho mais bonito do Rio Tâmisa, que fica entre o Palácio de Westminster e a Torre de Londres, local que abrigava a antiga prisão onde os traidores eram presos, julgados e executados. E, cedendo ao pedido de Penélope, os amigos embarcaram na London Eye, a roda gigante que fica às margens do Rio Tâmisa, de onde puderam ter uma visão panorâmica da cidade. Para finalizar, deram uma volta no Hyde Park e almoçaram em um restaurante no centro da cidade. Após a refeição, Oliver, Phillip e Clarence se despediram do grupo e seguiram de volta para Cambridge. Antes de sair do restaurante, Robert aproveitou o momento em que Patty foi ao banheiro para falar com as outras duas amigas.

    – Vou falar rápido, enquanto a Patty não volta. Preciso da ajuda de vocês. Sabe, eu estou realmente apaixonado pela Patrizia e queria aproveitar nossa vinda a Londres pra comprar um presente pra ela. Gostaria de dar uma joia pra que ela tenha certeza do quanto é especial para mim. Mas quero que seja surpresa, por isso temos que dar um jeito pra que ela não perceba. Penny, como você é a melhor amiga dela, me ajudaria a escolher um colar?

    – Mas claro – respondeu. – Podemos ir a uma loja de roupas que a Patty aprecia muito, e enquanto ela e a Katherine ficam escolhendo algumas peças, nós dois poderemos dar uma escapada e ir até a joalheria em frente. O que acha?

    – Eu dou um jeito de pegar um monte de roupas para experimentar e vou pedir pra Patty me ajudar a escolher. Assim vocês terão tempo pra comprar o presente sem que ela perceba – sugeriu Katherine.

– Perfeito – disse Robert. – Vamos fazer assim, então. Mas agora sou eu que preciso ir ao banheiro. Volto já.

Distante das moças, ele fez alguns telefonemas falando rapidamente, sem mencionar nomes. Desligou apressadamente, olhou ao redor para certificar-se de que ninguém estava observando. Em seguida, guardou o celular no bolso e foi ao encontro das amigas para ir ao centro de compras. Enquanto Katherine distraía Patty, Robert e Penélope foram à joalheria, conforme o combinado. Depois de comprar o colar, ele pediu à amiga que o acompanhasse até seu carro.

– Vamos um minutinho até o carro pra que eu possa guardar o presente no porta-malas. Assim ela não verá o pacote e não desconfiará de nada. Você fica vigiando pra que ela não nos veja, certo? – sugeriu Robert.

Penélope concordou e foi com ele até o carro, contente porque a amiga tinha encontrado um pretendente tão atencioso. Enquanto ele abria o porta-malas, dois rapazes saíram de outro carro que estava estacionado atrás ao de Robert, e um terceiro aguardava ao volante. Um deles chegou perto da moça, agarrou-a por trás e encostou o cano de um revólver em sua testa. O outro, também armado, apontou o revólver para Robert que, visivelmente assustado, disse:

– Podem levar o carro e o que quiserem, mas, por favor, soltem a moça e não nos machuquem.

– Isso não é um assalto, mas apenas o início de uma negociação – disse o rapaz que imobilizou Penélope. A mocinha aqui vai dar uma voltinha com a gente. Diga ao Oliver, o namoradinho dela, que se a quiser de volta terá que nos entregar o documento secreto de Darwin. Ligaremos pra ele à noite pra marcarmos a data e o local da troca.

Enquanto Penélope era levada à força pelos agressores para dentro do carro que os aguardava, Robert aproveitou a distração do outro comparsa, avançou sobre o rapaz e agarrou a arma, mas este reagiu, dando um soco em Robert e fazendo-o cair na calçada. Ele tentou levantar, mas o rapaz armado, já dentro do carro, o alertou:

– Se tentar mais uma gracinha, você e a moça levam chumbo. Dê o recado ao seu amigo e não chame a polícia. Assim ninguém será ferido – disse, saindo com o carro a toda a velocidade.

Patrizia e Katherine saíam da loja no momento em que Robert lutava com o suposto assaltante e ouviram a ameaça dos bandidos. Mas só conseguiram se aproximar de Robert quando o carro dos agressores dobrou a esquina.

– Você está bem? – perguntou Patrizia, ao mesmo tempo em que limpava o sangue que saía dos lábios de Robert com um lenço.

– Estou bem, mas temo o que possa acontecer com a Penny – disse ele, mostrando-se bastante perturbado.

– Mas o que foi que aconteceu? Onde vocês estavam? – questionou Katherine.

– Nós fomos até a joalheria em frente à loja, enquanto vocês escolhiam as roupas. Eu queria te fazer uma surpresa, Patty, e pedi pra Penny me ajudar a escolher uma joia pra você. Depois fomos até o meu carro, porque eu queria deixar o pacote no porta-malas pra que você não o visse. De repente, dois caras armados saíram do carro de trás e imobilizaram a Penny. Eu tentei reagir, mas eles foram mais rápidos – justificou. – Vamos voltar logo pra Cambridge e falar com o Oliver antes que os bandidos liguem pra ele.

Já havia anoitecido quando os três amigos chegaram até a casa de Oliver e lhe contaram o ocorrido. Bastante abalado, ele se recusava a acreditar no que ouvira.

– Mas quem são esses caras? Você já os tinha visto por aqui? – perguntou Oliver a Robert.

– Não, nunca os tinha visto até hoje. Mas eles estão determinados e tenho medo de que algo terrível aconteça à Penny se não fizermos o que eles querem. Você precisa entregar a eles o tal documento – argumentou Robert.

– Mas o problema é justamente esse. Eu não tenho documento nenhum. Não menti pra você. De fato, aquilo foi só um boato sem fundamento. Não sei o que fazer – desesperou-se Oliver.

Naquele momento, o telefone tocou. Eram os bandidos, pedindo o resgate.

– A essa altura dos acontecimentos, você já sabe que estamos com a sua garota. Se quiser vê-la novamente, terá que nos entregar o documento secreto de Darwin.

– Eu juro que não tenho documento nenhum. Por favor, não machuquem a Penélope. Eu não tenho o documento, mas posso levantar algum dinheiro. Quanto vocês querem? – tentou negociar Oliver.

– Não queremos dinheiro nenhum. Só nos interessa o documento. Se não estiver com você, trate de encontrá-lo. Você tem 48 horas – disse a voz do outro lado da linha e desligou.

– O que vou fazer? Eu não tenho o que esses malucos estão pedindo e não sei como encontrar um documento que sequer sei se existe de fato, em apenas 48 horas. Mas eu preciso fazer alguma coisa. Os pais da Penny viajaram e só retornam no final do mês. Será que devemos tentar entrar em contato com eles? Vamos à polícia? O que a gente faz? – perguntou Oliver, aos amigos, com grande aflição.

– Temos que ficar calmos e tentar pensar em algo. Mas não vamos chamar a polícia. Eles ameaçaram sumir com a Penny se a gente fizer isso – justificou Robert.

– Oliver, acho que meu pai poderá nos ajudar – disse Patrizia. – Vamos até minha casa. Ele já deve ter chegado do trabalho. Como você sabe, ele pertence a uma fraternidade que investiga uma série de coisas secretas e tem muitos amigos influentes. Talvez ele saiba algo sobre o tal documento. Ou, na melhor das hipóteses, nos ajudará a pensar em uma forma de salvar a Penny.

Com lágrimas nos olhos e uma sensação de esperança, abraçando a amiga, Oliver respondeu:

– Ótima ideia, Patty, muito obrigado! Vamos agora mesmo. Não temos um minuto a perder.

Capítulo 12

A Suspeita

"Precisamos de um novo paradigma de civilização, porque o atual chegou ao seu fim e exauriu suas possibilidades. Temos de chegar a um consenso sobre novos valores. Em 30 ou 40 anos, a Terra poderá existir sem nós."
(Mikhail Gorbatchev)

Carlo Arnaboldi estava na biblioteca de sua casa, pesquisando sobre quem seria o autor do documento falso de Darwin, quando foi interrompido por Patty, acompanhada dos amigos.

– Pai, ainda bem que está em casa – disse ela ao abraçar o pai, dando-lhe um beijo na testa. – Uma coisa terrível aconteceu e precisamos da sua ajuda.

Arnaboldi ouviu atentamente o relato dos jovens e, depois de interrogar Robert sobre como eram os agressores e como tudo aconteceu, decidiu telefonar para Master. Eles conversaram durante um tempo e, ao desligar, Arnaboldi pediu aos jovens para voltarem às suas respectivas casas e se tranquilizarem porque seus amigos da Fraternidade Ametista já haviam sido acionados e achariam uma forma de salvar Penélope.

Robert não quis perder a oportunidade de ficar mais próximo de Arnaboldi e disse:

– Não vou conseguir dormir. Sinto-me responsável por não ter salvado a Penny dos agressores e por isso quero ficar à disposição pra fazer o que for preciso pra resgatá-la com segurança. O senhor sabe algo a respeito do tal documento que eles querem? Ele existe de fato? Segundo Oliver, não passa de um boato sem fundamento. Mas, se de fato existe, onde ele está?

– Meu caro, aprecio a lealdade e a preocupação com sua amiga, mas agora é melhor você ir pra casa e descansar. Vocês fizeram bem em me procurar. Tenho amigos que já se prontificaram a ajudar e a achar uma saída. Procurem descansar. Amanhã, com a cabeça fresca, todos nós estaremos mais bem preparados para encontrar uma solução. Assim que tiver alguma notícia, os manterei informados – disse Arnaboldi, em uma tentativa de acalmar os ânimos. – Oliver, me avise sobre qualquer novo contato que os sequestradores fizerem, certo?

– Pode deixar, sr. Arnaboldi. Obrigado pela ajuda. Conte comigo para o que for preciso – disse Oliver ao se despedir.

Em sua casa, Henrique Zaion começava a ligar os fatos. A menina do sonho, apresentada por Annunziata e que precisava de ajuda, era Penélope. Mas o que mais o intrigava era a ideia de que alguém muito poderoso estava por trás daquilo e logo a intuição lhe mostrou a imagem de Dark.

Master desejava que a Liga dos Líderes prestasse mais atenção aos aspectos da qualidade humana da população, diminuindo um pouco o foco voltado para os aspectos econômicos. Para isso, sempre apresentava os cenários realistas das grandes regiões urbanas desenhados pelo aumento da violência em razão da má qualidade de vida. No entanto, sempre tinha que observar a atuação sub-reptícia de Dark com sua teoria que, segundo ele, era amparada na luta pela sobrevivência anunciada por Darwin. Dark fazia algumas observações superficiais, como norma de vida brutal e cruel, incompatível com a essência humana, e que apenas serviam para insensibilizar as pessoas, tornando-as ainda mais predispostas à indolência e à falta de um objetivo espiritual na vida.

Enquanto o meio ambiente sofre diariamente agressões irreparáveis, com a fumaça e os gases envenenando e aquecendo a atmosfera, um poderoso mecanismo de comunicação faz a massa indolente acreditar que tudo vai às mil maravilhas, assim como o imperador romano Nero o fez no passado com o famoso "pão e circo". Essa visão do mundo fez do século XX um dos mais sangrentos da história humana. O número total de mortes provocadas pelas guerras quase ininterruptas do século foi calculado em mais de 180 milhões de pessoas. Que civilização é essa que só sabe resolver os conflitos matando os inimigos? Indubitavelmente essa não era a ideia de Darwin.

– Será que Dark seria capaz de fazer algo tão vil como arriscar a vida de uma jovem inocente? – questionava Zaion.

Por que não? Afinal, estamos enfrentando a era das dificuldades. A falsa compreensão sobre a vida e a origem do homem arrastou a humanidade a um ponto crítico. A ganância tomou conta dos corações. O homem não sabe mais o que é, pois sufocou o espírito, e só vive em função de seu corpo e cérebro perecíveis. Tudo é possível em nome do poder desenfreado e da glória momentânea. Não há mais escrúpulos. Nem a natureza escapa desse tipo de atitude inconsequente e voraz. Quem pratica esse tipo de atrocidade com um ser humano deve considerar válido extrair recursos acima da capacidade de reposição da natureza. Então vem a crise em uma brecada repentina, reduzindo a velocidade do crescimento na tentativa de estabelecer um nível em que o planeta possa suportar, antes que aconteça um caos. Novamente surgem graves ameaças de polarização social, originando revoltas, muitas vezes incontroláveis, em vários países, promovidas como expurgo dos excessos.

Envolvidas nas ciladas financeiras, as autoridades governamentais dos países periféricos, caudatários de enormes riquezas transferidas para os países onde se concentram os capitais, vivem uma instabilidade crônica refletida no campo social. Ao se verem sem alternativas, os governantes não conseguem solucionar os problemas que se agravam continuamente, nem desenvolver um planejamento sério e de longo alcance, deixando que os países em desenvolvimento se tornem um lugar inóspito para se viver, com miséria econômica, insegurança, falta de atendimento na saúde pública e descaso na educação, mas nem por isso deixam de constituir uma polpuda conta secreta na Suíça.

Apesar da grande miséria interna, em meio a toda a tragédia econômica e financeira visivelmente refletida no campo social, a classe política não tem tempo de cuidar dos interesses da população em face das despudoradas manobras na luta pela conquista e manutenção do poder, acarretando o descrédito das instituições.

Os responsáveis pela administração pública deixaram de cumprir o papel de promover o aprimoramento da população em todos os sentidos através do enobrecimento humano. O dinheiro subiu ao trono como o alvo de maior apego, pois é fonte de poder. A vida foi perdendo sua característica essencial, fortalecendo o processo de desumanização, resultando em um mundo frio e sem coração.

Para mudar esse *status quo* é preciso investir em uma educação fundamentada na realidade natural da vida, sem as sofisticadas teorias engendradas pelos homens e difíceis de ser assimiladas, muitas vezes inúteis para o estabelecimento de um modo de vida construtivo e benéfico que promova o desenvolvimento físico, mental e espiritual.

Quando amanheceu, Master usou sua influência e acionou amigos nas estâncias governamentais para conseguir as imagens feitas pela câmera de uma das lojas da rua em que ocorreu o suposto sequestro. Ao analisar o vídeo repetidas vezes, ficou patente a atitude suspeita de Robert dando sinais para os atacantes. Zaion não teve dúvidas de que o rapaz era cúmplice dos agressores e que aquilo era um golpe para adquirir o documento recém-descoberto pela fraternidade. Mas, para não correr o risco de cometer alguma injustiça, achou por bem investigar a vida do rapaz antes de fazer algo a respeito.

Com auxílio de Ivan Ruiz, Master conseguiu levantar a ficha de Robert e descobriu que, no passado, ele já havia se envolvido em ações suspeitas, uma delas quando tentou adulterar a nota de uma prova na faculdade com a ajuda de um comparsa que possuía habilidades como hacker e invadiu os computadores da faculdade a mando de Robert, mediante o pagamento de uma boa quantia em libras para o feito. Mas como não foram encontradas provas que o incriminassem, Robert acabou se safando. Houve ainda outro episódio em que Robert foi acusado de traficar drogas no *campus* da Universidade, mas, tempos depois, a garota que o denunciou retirou a queixa, alegando tentativa de punição contra o rapaz após ele ter rompido o relacionamento amoroso que mantinha com ela. A polícia manteve a investigação por mais algum tempo, mas como não conseguiu encontrar evidências nem novas provas ou denúncias, arquivou o caso.

– Pelo visto ele é um rapaz ganancioso, falso e capaz de manipular as pessoas. E o jeito como olhou para os agressores naquele dia indica que deve ter algo a ver com o sequestro. Mas minha intuição me diz que há alguém mais poderoso, dando uma cartada decisiva para obter o documento, e que está usando esse rapaz para se apoderar dele – comentou Zaion para Ivan Ruiz.

– Vamos colocá-lo contra a parede para que nos diga quem mais está por trás disso! – sugeriu o espanhol.

– Melhor não. Vamos manter essas informações apenas entre nós e deixá-lo acreditar que nos enganou para que Penélope não corra nenhum perigo. Mas não devemos perdê-lo de vista. Quem sabe ele acaba se traindo, sem querer, dando-nos alguma pista do verdadeiro mandante da ação – ponderou Master.

Sentado na varanda, olhando para o bosque, Master meditava sobre a vida e sobre os acontecimentos, em como a evolução dos seres vivos, após um longo período de amadurecimento, seguiu mecanismos estritamente naturais e coerentes, até surgir um corpo mais evoluído, o do ser humano como o conhecemos na atualidade. Infelizmente, cientistas radicais não querem admitir a existência das leis invisíveis que promovem a evolução, pois examinam a realidade apenas com o cérebro. O ser humano surgiu em um corpo de origem animal, que deveria prosseguir a marcha evolutiva, com uma aparência nobre, bonita e saudável, uma espécie pensante, com liberdade de decisão, destinada a produzir na Terra uma vida de elevada qualidade.

Observando a perfeição existente na natureza, em que tudo é movimento convergindo para o fortalecimento e aprimoramento, não é difícil concluir que cabe ao ser humano, em sua trajetória evolutiva, a permanente melhora nas condições de vida e do ambiente terrestre, o que ainda não foi concretizado por conta das deformações decorrentes de sentimentos menos nobres e pela mesquinharia. Sem a participação da indolência mortífera, a evolução da vontade humana deveria conduzir a vida para um estágio de beleza, paz e felicidade, mas os detentores dos poderes na Terra não pensavam dessa forma, pois sua visão os direcionava para a ampliação do poder e dominação. No entanto, se o reino dos homens não tivesse se separado das leis naturais, tudo poderia ser diferente, nossa vida seria menos áspera, mais amena, rodeada de belezas.

O natural impulso de preservação da vida existe nos animais e nos humanos. Mas as interpretações errôneas desse mecanismo, deformadas pelo intelecto, embruteceram o homem, conduzindo tudo para os limites críticos, e com isso o planeta está perdendo sua beleza e a sustentabilidade, o meio ambiente se tornando inóspito, e os seres humanos ficando cada vez mais agressivos e cruéis, em oposição ao que a essência espiritual teria conduzido. Para Master, havia chegado a hora de se fazer algo para cortar o mal pela raiz e sufocar ideias nocivas para a sociedade e para o planeta.

As políticas educacionais se tornaram restritas, desestimulando o desenvolvimento das capacitações inerentes aos seres humanos. Em muitos países, isso gerou uma desarmonia entre alunos e professores. O desinteresse pelo conteúdo das disciplinas que se distanciam da vida cotidiana desses jovens deixou-os completamente alheios aos questionamentos básicos sobre a origem do ser humano e o significado da vida. Muitos alunos chegam a pensar que ir à escola é perda de tempo, pois o pouco que aprendem é logo esquecido.

É triste constatar como as pessoas não estão se esforçando para manter limpo o foco dos pensamentos, parecendo estar confusas e perdidas, pois não sabem o que querem. Não ouvem a voz do eu interior, da intuição. Tornaram-se presas da falta de vontade e, sem um objetivo definido, a energia é dissipada. Com isso, pessoas como Dark e Robert ganham espaço, movidas por desejos e sentimentos menos nobres e pela ganância desenfreada, sobrepondo-se aos demais com sua astúcia.

A educação de um povo somente será proveitosa se tiver como base o conhecimento das leis naturais da Criação. Darwin chegou a desvendar uma pequena parte dessas leis e esperava que seu trabalho tivesse seguidores que ampliassem a visão da realidade da vida sem ficarem restritos apenas aos aspectos da mutação e adaptabilidade dos seres vivos. Muito provavelmente ele acreditava que seria possível encontrar as conexões e os propósitos que levaram ao surgimento da espécie humana entre os habitantes da Terra.

Sabemos que é indispensável promover a adoção de medidas globais com humanidade, capazes de reativar a economia, mas sem desrespeitar o meio ambiente nem a liberdade do homem.

Mas não podemos continuar planejando o que chamamos de desenvolvimento, privilegiando apenas a manutenção da atividade econômica lucrativa a qualquer preço. É imprescindível cuidar do meio ambiente porque ele é nossa casa. O ar que respiramos, os rios, mares e florestas não têm preço e representam a verdadeira riqueza que deve ser preservada. Cuidar dos mananciais e sua cobertura florestal, reciclar a preciosa água, são atitudes que distinguem a sabedoria da ignorância.

O planeta Terra é uma região de permanência transitória, onde os seres humanos são recebidos como hóspedes, com tudo pronto para o seu desenvolvimento espiritual e para atrair a energia espiritual para a matéria, beneficiando-a. Aqui tudo é perecível, sujeito às transformações, evidenciando essa transitoriedade, mas tudo ocorre dentro da naturalidade para promover a maturidade do espírito após uma série de encarnações. No entanto, muitos seres humanos deixaram tombar a antena que os conectava com o mundo espiritual, aqui fincando seus pés. Assim foram se acorrentando ao mundo material, tornando-o feio, criando uma vida áspera e sem amor, mesmo assim não querem daqui sair, pois pressentem que lá no além formaram para si algo ruim que os aguarda em uma situação muito pior. A Terra ficou como se fosse uma prisão para seres humanos sem aspiração mais elevada, acorrentados aos seus vícios, pendores e ilusões.

A vida é bela e poderá ser ainda melhor quando a humanidade descobrir a importância do equilíbrio entre o trabalho, o dinheiro e os elementos essenciais para a própria existência. Só assim alcançaremos um estágio mais elevado de respeito e consideração partindo do íntimo, e não apenas de uma atitude comportamental aprendida de fora para dentro, muitas vezes seguida apenas pelo temor das represálias rígidas e severas. Dessa forma, os seres humanos se tornarão aptos a adquirir a grande sabedoria que governa as leis da natureza, adquirindo capacidade para realizar grandes feitos com alegria, utilizando tudo o que a natureza oferece, mas sem destruí-la. É o que formará a base para o surgimento de verdadeiros seres humanos que produzirão apenas paz, beleza e felicidade em nosso planeta.

– Não podemos permanecer assim nesse contínuo processo de decadência – pensou Master. – Preciso reunir as pessoas mais confiáveis, para juntos traçarmos um plano a fim de auxiliar a Liga dos Líderes a sair de seu rotineiro marasmo e adotar medidas para reverter esse processo de decadência antes que seja tarde demais.

Capítulo 13

As Preocupações de Darwin

Henrique Zaion convocou um encontro urgente com os membros da Fraternidade Ametista, na casa das irmãs Sinclair, para esquematizarem o plano de resgate de Penélope.

– Meus caros, como sabem, Penélope, amiga da Patrizia, filha de nosso companheiro Carlo Arnaboldi, está correndo perigo e temos pouco tempo para agir. Os sequestradores querem o documento que encontramos e preciso saber se já conseguiram descobrir quem é o verdadeiro autor. As irmãs Sinclair, o casal Sanches e os professores Bruce Kenneth e Reinaldo Gonçalves estavam incumbidos de fazer as pesquisas a esse respeito. Fizeram algum avanço? – indagou Master.

– Estamos fazendo pesquisas de forma independente, mas trocamos informações e estamos chegando perto do provável autor do documento – adiantou Viveca Sanches.

– Mas conseguimos ao menos comprovar que o autor não é Darwin, apesar da assinatura. Mas os sequestradores não sabem que ele é falso, não é? Pensam que se trata do documento secreto de Darwin – questionou o professor Kenneth.

– É verdade. Eles acreditam que seja de Darwin e que Oliver o encontrou. Por isso, quero que esse documento seja digitalizado para que possamos ficar com uma cópia, caso sejamos obrigados a entregar o original aos agressores – adiantou Zaion.

– Mas você pensa em entregar o documento aos sequestradores? Não é muito arriscado? – perguntou Brenda – Afinal, não sabemos quem são as pessoas que estão por trás disso e o que pretendem fazer com ele. E sequer se irão realmente soltar a moça depois de colocarem as mãos no que desejam. Sabe que não se pode confiar nesse tipo de gente. Ademais, isso poderia detonar nossos projetos para despertar a humanidade de sua secular dormência em relação ao verdadeiro significado da vida.

— Calma, Brenda. Eu já pensei em algo, mas preciso da colaboração de vocês. Nossa prioridade será salvar a vida de Penélope e não colocar em risco a dos demais jovens — ponderou Master. — Há alguém poderoso no comando desse crime, por isso todo cuidado é pouco.

O grupo passou a tarde toda articulando um plano de ação. Os agressores teriam de acreditar que o documento era autêntico e que foi elaborado por Charles Darwin.

Naquele momento, era importante ludibriar os agressores e fazê-los acreditar na veracidade do documento para que fosse entregue em troca da vida de Penélope. Na verdade, o conteúdo daquele documento não tinha nenhuma relação com os propósitos do naturalista inglês Charles Darwin, que queria descobrir o funcionamento das leis naturais bem mais abrangentes do que a restrita sabedoria da qual os homens tanto se vangloriavam. Ele não entendia como podiam acreditar e defender estapafúrdias teorias que na vida real não tinham nenhum paralelo. Darwin percebia que o conhecimento dos homens era mínimo em relação ao seu potencial. Ignorantes quanto ao funcionamento das leis da natureza, eram incapazes de perceber a grandiosidade da vida em sua dinâmica tão harmônica. Em suas viagens pelo mundo, a bordo do *Beagle*, Darwin pôde examinar a dinâmica da natureza em diferentes regiões, percebendo a unidade de funcionamento por meio da grande diversidade e variedade de espécies animais e vegetais. Pensando sobre isso, Master reconstituiu mentalmente a trajetória do naturalista.

As conclusões de Darwin se chocaram com as noções dogmáticas que determinavam o comportamento humano de sua época. Hoje temos um confronto entre a fé e a lógica natural, no entanto, o surgimento do ser humano na Terra, constituído de alma e corpo, dotado de raciocínio e com a liberdade de decidir, ainda permanece como um obscuro enigma. Um elo foi perdido e sobre essa lacuna construíram-se muitas teorias que não condizem com a razão nem com a límpida intuição. Perdeu-se o conhecimento do significado e propósito da vida. O ser humano interferiu profundamente no ritmo do planeta como nenhuma outra espécie. Sua missão seria a de contribuir para embelezá-lo ainda mais com suas obras, mas o conhecimento do significado e propósito da vida foi esquecido e a espécie humana seguiu por caminhos que reduziram o homem ao estado de coisa sem alma.

Um dos fatos que realmente impressionou Darwin foi constatar que havia trabalho escravo no Brasil e em outras regiões. Para ele, era inadmissível que isso fosse aceito como fato natural, pois nada do que vira na natureza podia ser comparado a essa injustificável aberração posta em prática pela espécie humana movida pela cobiça.

No entanto, a teoria da evolução desenvolvida por Darwin foi utilizada por várias correntes ideológicas que, nos anos subsequentes, indevidamente se apoiaram nela para justificar a expansão da miséria e as flagrantes desigualdades sociais na apropriação das riquezas naturais. Equivocadamente, a teoria da seleção natural foi adotada de forma imprópria como justificativa nas sociedades, em que os mais fortes prevalecem no mando, e para isso buscam desculpas para sujeitar os mais acomodados, alegando que isso está certo porque decorre da natural agressividade inata dos seres humanos.

Darwin pesquisou a fundo as emoções e o comportamento dos animais, mas o ser humano podia e devia ingressar em nível mais elevado, pois havia recebido um corpo para atuar na matéria, enobrecendo-a através de intuições espiritualizadas. Os animais sempre seguem o líder, que age impulsionado pelo instinto de sobrevivência, sem premeditação, mas com os humanos isso é diferente. Aproveitando-se dos mecanismos do cérebro, os homens iludem as massas que, acomodadas e indolentes, se deixam arrastar por caminhos destrutivos para atender aos propósitos mal-intencionados.

O homem, assim como o animal, possui instinto, mas fica acessível às manipulações ao permitir que o raciocínio prevaleça, sem tentar examinar com a intuição tudo o que lhe é apresentado. Há uma imitação de comportamento entre os animais, em se tratando de ruídos e movimentos como também nas emoções, como no caso da alegria ou do medo. Entre os humanos, além desse contágio, a imitação pode ser observada no uso de vestimentas e atitudes. O aumento da violência e agressividade também está associado ao padrão imitativo. Desorientada, a humanidade se deixa envenenar, perdendo o equilíbrio mental e emocional, sendo por isso contaminada pelos tumultos.

A adaptação está inserida na lei da sobrevivência. Tudo que é utilizado se desenvolve, tudo o que fica parado perde a função, e isso se reflete nas gerações futuras. No ser humano, a grande lacuna ocorreu na parte cerebral, dado o desequilíbrio crescente na utilização do raciocínio que se fortaleceu continuamente, enquanto a parte destinada à intuição ficou estagnada. Agora já se percebe que falta algo no desenvolvimento pleno do ser humano.

Todo indivíduo traz potencialidades inatas e deveria voluntariamente colocar-se em situações que exigem um esforço para que todas as forças espirituais sejam aplicadas, a fim de se tornar senhor de qualquer acontecimento e resolvê-lo favoravelmente; mas as pessoas preferem o caminho mais cômodo, em que possam ter tudo facilmente sem precisar refletir muito e, dessa forma, pouco evoluem.

É evidente que os humanos necessitam controlar e dominar a máquina de pensar para não serem subjugados por ela. Quando permitimos que nosso cérebro focalize de forma descontrolada um pensamento triste, ficamos sujeitos a todas as emoções e sofrimentos que esse pensamento evocar. A tristeza interfere na respiração tornando-a difícil. Darwin havia percebido que a tristeza e a não aceitação interferem nos músculos respiratórios e parecem sufocar o indivíduo. De fato, a tristeza e a falta de alegria são extremamente prejudiciais para o bom funcionamento dos órgãos do ser humano.

A partir do século XVIII, com a Revolução Industrial, houve uma profunda modificação no sistema de produção de bens, cuja base até então era a propriedade da terra. Surgiram os detentores dos bens de capital que tomavam os serviços da classe trabalhadora. A produtividade do trabalho passou a ter um aumento contínuo, cujo benefício foi apropriado pelos detentores do capital. A invenção do papel-moeda trouxe uma revolução na esfera do poder. Os estudos de Darwin vieram a calhar para moldar a filosofia a partir da sobrevivência dos mais fortes, visando justificar a apropriação integral dos benefícios gerados nas inovações dos processos produtivos, possibilitando relegar grande parte dos seres humanos a um nível de inferioridade, como se fossem peças descartáveis, sem capacidade para uma evolução mais aprimorada. E esse conceito perdurou intacto durante séculos.

Muitas lutas foram travadas para perpetuar essa divisão entre os seres humanos, muitos foram mortos, até culminar em níveis de vida insustentáveis. Até os mais ferrenhos defensores desse estado em que nos encontramos percebem que algo deve ser feito para atenuar o abismo.

É bem possível que Darwin tivesse percebido que, na falta da evolução integral como meta da humanidade, os seres humanos tenderiam para uma convivência difícil, enfrentando muitas disputas e rivalidades, cercados de medos e preocupações com a falta de respeito e consideração mútua. Sem a evolução integral e com a progressiva dominação da parte mental, o cérebro torna-se uma fera indomável capaz de cometer as mais cruéis atrocidades. A vida se transforma em um inferno com os mais brutais acontecimentos, e o próprio ser humano perde sua imagem elegante e refinada em virtude do embrutecimento e ao enfraquecimento decorrente dos vícios e paixões baixas. Se nada for feito para combater esse status quo, a deficiente qualidade de vida, as precárias condições do ambiente destruído, a alimentação inadequada, enfim, tudo contribuirá para o enfraquecimento e envelhecimento precoce dos indivíduos. Assim, ocorrerá exatamente o oposto da esperada evolução plena e do aprimoramento da espécie humana.

Master ficou tão absorvido em seus pensamentos que nem percebeu a presença de Arnaboldi ao seu lado. Mas, de repente, ouviu a voz do amigo:

– O que você acha, Master?

– Arnaboldi, meu caro, poderia repetir o que disse? Estava tão concentrado em meus pensamentos que não ouvi nada – disse Zaion.

– É uma ligação de Oliver. Ele disse que já tem notícias dos sequestradores e quer saber se pode vir até aqui para conversarmos.

– Claro que sim. Diga a ele que estamos aguardando sua chegada – concluiu Master.

Capítulo 14

O Resgate

"Procurai, antes de tudo, sintonizar-vos terrenamente de modo certo com as vibrações das leis divinas, as quais nunca podereis contornar, sem vos prejudicar muito, bem como ao vosso ambiente, e apoiai nelas também vossas leis, deixai que elas se originem daí, e então tereis logo a paz e a felicidade, que favorecem o soerguimento tão almejado por vós, pois sem isso todos os esforços serão em vão e mesmo a máxima capacidade do mais aguçado raciocínio será inútil, redundando em malogro."
(Abdruschin, *Vê O Que Te é Útil*, Vol. 3).

Oliver chegou à casa das irmãs Sinclair acompanhado de Robert, Patty e Katherine. Visivelmente nervoso, o rapaz contou a Master e aos demais membros da Fraternidade Ametista ali presentes que os sequestradores haviam lhe passado o endereço e horário em que deveria ser feita a entrega do documento em troca de Penélope. O local escolhido pelos bandidos era uma velha fábrica abandonada nos arredores de Londres.

– Tenho duas horas para chegar ao local marcado e devo ir sozinho. Foi exigência dos sequestradores. Eles ameaçaram atirar na Penny se mais alguém for junto comigo – disse Oliver visivelmente ansioso e preocupado, desejando resgatar sua querida Penélope.

Master colocou a mão sobre o ombro do rapaz e disse:

– Tenha calma, não adianta ficar segurando as preocupações no pensamento, se não ficarmos firmes e serenos, o raciocínio nos tortura. Solte isso. Caso contrário, irá consumir sua energia e acabará ficando doente. Nosso forte querer de ajudar a Penny já está atuando, atraindo ajuda. Tenha confiança. Tudo será bem resolvido. Esquematizamos um plano para o resgate. Sabemos muito bem que não podemos confiar nos agressores. A ideia é que você, Oliver, vá de carro e o estacione a uma boa distância do local onde eles marcaram a troca. Depois, siga a pé até o destino, levando apenas metade do documento. A outra metade ficará no seu carro. Depois que se assegurar que Penélope está bem, entregará a eles a primeira metade e dirá que a outra metade está no seu carro e que você a dará assim que Penny estiver a salvo. Arnaboldi estará aguardando em outro carro, estacionado perto do seu, e assim que Penélope entrar no veículo, eles sairão dali e, quando estiverem bem longe, você dará a eles a segunda parte do documento. Eu e outras pessoas da Fraternidade estaremos nas redondezas para lhe dar cobertura e assegurar que nada acontecerá a você.

– E o que vou entregar a eles? Eu não tenho documento nenhum e se perceberem que estou tentando enganá-los, eu e a Penny não teremos chance – argumentou Oliver.

– Você irá entregar a eles o documento original. Ele está aqui – disse Master, retirando o manuscrito de uma maleta, já dividido em duas partes, e entregando-o a Oliver. – Este manuscrito chegou até nós de forma inesperada e o estamos estudando há algumas semanas. Só não sei como a notícia da sua existência chegou até os sequestradores, nem até você. De qualquer forma, isso não é o mais importante neste momento. Apesar deste manuscrito ser extremamente valioso, não se compara a uma vida humana. E se o preço para libertar Penélope é esse, vamos entregá-lo.

Comovido, Oliver não se conteve e disse:

– Só conhecemos os amigos quando a necessidade nos leva a pedir ajuda. Muito obrigado, meus amigos.

Enquanto Master explicava o plano a Oliver, Arnaboldi olhou algumas vezes para Robert e percebeu seu rosto iluminado ao ver o documento, chegando até a esboçar um ar de satisfação, mas logo disfarçou.

– E eu? O que devo fazer pra ajudar? – disse Robert.

– É melhor você, a Patty e a Katherine ficarem aqui, em segurança. Há pessoas melhor preparadas para lidar com essa situação e não há necessidade de ninguém mais correr riscos – argumentou Arnaboldi.

– Mas talvez fosse melhor eu ir com o Oliver, ou então no carro com o senhor, pra ajudar de alguma forma caso ocorra um imprevisto – forçou Robert.

– Agradeço seu empenho, rapaz, mas eu prefiro que você fique aqui, fazendo companhia para as moças e, em particular, para a Patrizia, que está bastante nervosa. Se fizer isso, estará ajudando bastante – disse Arnaboldi com firmeza.

Depois que Oliver, Master e Arnaboldi saíram, Robert aproveitou o momento em que as irmãs Sinclair serviram um chá para Patrizia e os demais presentes e foi para outra sala vazia, tomando cuidado para que ninguém percebesse. Assegurando-se que não havia ninguém por perto, ligou de seu celular para os agressores e contou o plano do resgate.

– Agora já sabem o que eles pretendem, por isso fiquem preparados – disse, quase sussurrando.

– Pode deixar – disse a voz do outro lado da linha. – Eles terão uma bela surpresa – e desligou.

Ao retornar para a sala, Patrizia o questionou:

– Onde você estava?

– Pensei ter ouvido vozes na outra sala e fui verificar – dissimulou. – Tenho que admitir que tudo isso está mexendo com os meus nervos. Assim como você, eu também estou bastante aflito e impaciente. Será que não podemos fazer nada mesmo?

– O melhor a fazer agora é tomar este chá. É de erva-cidreira e camomila. Vai ajudar a acalmar a tensão – ofereceu Bárbara.

A fábrica abandonada ficava em um bairro ermo e afastado do centro de Londres. Faltavam algumas poucas quadras para chegar até lá, quando o carro de Oliver foi fechado por outro veículo, obrigando-o a frear bruscamente. Assim que parou, outro carro saiu de uma rua ali perto e parou atrás do seu carro. Do carro da frente, dois ocupantes desceram e apontaram armas para Oliver. Do carro de trás saíram mais dois homens, também armados. Os dois correram para o lado contrário da rua e apontaram as armas para Carlo Arnaboldi, que estava seguindo Oliver a uma grande distância. Ao ver os dois homens armados no meio da rua, Arnaboldi brecou bruscamente e ia sair de ré quando também foi fechado por um terceiro veículo, de onde saíram mais dois homens armados. Todos tinham o rosto coberto por máscaras. Sem ter como fugir, Oliver e Arnaboldi foram forçados a sair de seus carros, com as mãos para o alto, obedecendo às ordens dos agressores.

– As condições, nós as impomos. Não tente nenhuma gracinha – disse um deles, olhando para Oliver. – Não tente bancar o herói, ou vai levar chumbo. E passe o documento para cá – ordenou.

– Não sem antes ver se Penélope está bem. Onde ela está? – perguntou Oliver.

– Você não está em condição de negociar. Sei que o documento está com você. Entregue-o agora mesmo ou atiramos no seu amigo – ameaçou o agressor.

Oliver olhou para Arnaboldi, que lhe fez sinal para obedecer. Vendo-se acuado, Oliver voltou ao seu carro, abriu o porta-luvas, retirou a primeira parte do manuscrito e a entregou a um dos capangas que o acompanhou de perto.

– Aqui só tem um pedaço. Queremos o documento inteiro – disse o outro agressor.

Sem ter como barganhar, Oliver acabou pegando a segunda parte do documento que havia escondido sob a poltrona do carro.

– Está tudo aí. Agora soltem a Penélope e nos deixem ir – gritou Oliver.

– Calma, apressadinho. Nós é que damos as ordens aqui – disse um deles, que parecia ser o líder.

Depois de examinar as duas partes do manuscrito, ele as entregou a um dos comparsas e disse:

– Parece que está tudo aqui. Leve-o ao chefe e depois me ligue para dizer se o documento é mesmo autêntico.

De posse do documento, o homem entrou no carro e saiu. Enquanto isso, os demais agressores forçaram Oliver e Arnaboldi a entrar com eles na fábrica abandonada. Ao chegarem ao galpão, viram Penélope sentada em uma cadeira, com as mãos e os pés amarrados e uma mordaça na boca. Ao lado dela havia mais dois homens armados. Oliver não se conteve e correu até sua amada, mas antes que conseguisse chegar mais perto, foi impedido por um dos algozes, que se jogou na sua frente.

– Pode parar por aí, cara – ordenou.

– Solte-a, por favor. Já entreguei o que queriam. Agora nos deixem ir. Foi o combinado – disse Oliver.

– O combinado era você vir sozinho e você não cumpriu o trato – disse o algoz.

– Arnaboldi só veio pra assegurar que Penélope sairia daqui em segurança. Eu iria entregar o documento de qualquer forma. Por favor, nos deixem ir – pediu Oliver.

– Cala a boca, garoto – disse o algoz, dando um soco em Oliver, que caiu ao chão.

– E você, não tente nenhuma gracinha – disse outro capanga para Arnaboldi, que ameaçou reagir.

Pouco depois, o celular de um deles tocou. Ele saiu do local para que não ouvissem o que dizia. Ao retornar, disse:

– Realmente, o documento é autêntico e já está em mãos seguras. Solte a moça – ordenou a um dos comparsas.

Livre das cordas e da mordaça, Penélope, chorando, correu para Oliver e os dois se abraçaram.

– Podem ir. Estão livres – disse o que parecia ser o líder. Os três se entreolharam e começaram a caminhar, mas Arnaboldi pressentiu que os bandidos iriam atirar neles pelas costas. Em um movimento rápido, empurrou Oliver e Penélope para trás de uma coluna e gritou:

– Protejam-se!

Rapidamente, se jogou ao chão, tirou de seu bolso uma bomba de gás lacrimogêneo e a jogou para perto dos bandidos. A fumaça tomou conta do local e os agressores começaram a atirar. Oliver pegou uma carcaça de máquina que estava perto e a arremessou contra dois dos agressores, que acabaram sendo atingidos e caíram ao chão. Os outros cinco correram atrás deles, atirando. Arnaboldi pegou uma barra de ferro e conseguiu atingir mais um dos bandidos, que caiu desacordado. Aproveitando a confusão, Oliver pegou Penélope pela mão e os dois saíram correndo do galpão, seguidos por Arnaboldi, que tentava se esquivar dos tiros dos outros bandidos que, mesmo tossindo e com os olhos ardendo, continuaram atirando para todos os lados. Uma das balas acabou atingindo o braço de Arnaboldi, que caiu ao chão. Oliver olhou para trás e, vendo o amigo ferido, disse para Penélope:

– Corra até o meu carro na rua em frente e saia daqui. Vou ajudar o Arnaboldi e logo a alcançaremos.

– Não vou sem você – disse Penélope chorando.

– Faça o que eu disse, meu amor. Não discuta. Estaremos logo atrás de você – ordenou Oliver.

O rapaz voltou e ajudou Arnaboldi a se levantar. Os outros quatro bandidos estavam quase alcançando os dois quando os carros da polícia entraram no pátio da fábrica.

– Entreguem as armas! Vocês estão cercados! – gritou um dos policiais.

Um dos agressores continuou atirando e acabou sendo morto pela polícia. Os demais acabaram se rendendo e os outros três, atingidos por Oliver e Arnaboldi no interior do galpão, vendo a polícia, conseguiram fugir, pulando o muro da fábrica.

De um dos carros da polícia desceu Henrique Zaion, que foi correndo ao encontro de Arnaboldi e Oliver.

– Vocês estão bem? – perguntou preocupado, vendo o amigo ensanguentado.

– Estou bem – disse Arnaboldi. – Por sorte, o tiro pegou de raspão. Mas mesmo assim, está doendo muito.

– A ambulância já está a caminho. Fique calmo que vai dar tudo certo – afirmou Zaion.

– E Penélope, onde está? – perguntou Oliver, aflito.

– Calma, ela está bem. Jean Baptiste e Ivan Ruiz vieram no outro carro e estão com ela. Eles estão nos esperando do lado de fora da fábrica – anunciou Zaion.

Oliver foi correndo encontrar a amada e os dois ficaram abraçados durante um longo tempo. Os perigos pelos quais passaram os fizeram refletir sobre quanto tempo perdemos com nossas vaidades e outras tantas coisas insignificantes para as quais dedicamos grande parte de nossas energias. Pouco depois que a ambulância saiu, levando Arnaboldi para o hospital, Zaion se juntou ao grupo de amigos que o aguardavam na rua em frente.

– Ainda bem que tudo acabou – disse Oliver. – Se Arnaboldi não tivesse jogado aquela bomba de gás, não teríamos escapado. E como a polícia veio até aqui?

– Meu caro, sempre que tratamos com bandidos precisamos ter na manga um plano B. Havia uma grande possibilidade de quererem apagar as testemunhas. Por isso, Jean Baptiste ficou nos arredores da fábrica, vendo toda a movimentação e, com isso, pudemos saber quantos bandidos estavam lá e acionar a polícia para que nos dessem cobertura – confessou Master.

Felizmente, a operação de resgate ocorreu sem maiores danos. Mas a violência era um tema que entristecia profundamente Master e seus companheiros da Fraternidade Ametista. O aumento de ocorrências desse tipo deveria nos levar a refletir sobre questões mais profundas da existência. É o que se constatou após o balanço do número de mortes e mutilações brutais provocadas pela Segunda Grande Guerra, motivando muitos estudiosos a desenvolver profundas teorias sobre os fundamentos da civilização humana. Nos anos 1960, e em parte da década de 1970, foram feitos muitos estudos sobre o tema que gerou um vivo interesse, não somente nas pessoas que possuíam mais cultura, mas também na população em geral, em perscrutar a vida em sua essência.

Mas, ao mesmo tempo, também foram tomando corpo ideias pragmáticas, dando a tudo um cunho materialista em detrimento do humanismo e da busca do saber espiritual, transformando a vida em uma questão de satisfazer às necessidades consumistas condicionadas pelo marketing, cuja estratégia é criar produtos que sejam consumidos continuamente por um grande público. Com o passar dos anos, os seres humanos voltaram-se principalmente para a satisfação de necessidades elementares, pondo de lado valores mais elevados. Tudo passou a ser apenas mais uma opção de consumo, independentemente das reais necessidades e do reconhecimento do significado da vida.

Na França, Jean Choisel foi um dos estudiosos que pesquisou com profundidade o conteúdo da vida, e um de seus trabalhos mais célebres foi o livro *L'avenir de Notre Évolution*, Le Courrier du Livre, publicado em Paris, em 1966, que chegou a ser traduzido no Brasil em 1968, pela Editora Forense, sob o título *A Nova Humanidade*. Nele, Choisel demonstra grande preocupação quanto à compreensão do significado da vida, fazendo indagações aos responsáveis pela educação religiosa: "*Mas eu não sou mais criança! Por que os senhores não me explicam a verdade tal qual ela é? Por que os senhores persistem em me falar com as mesmas palavras que utilizavam quando eu tinha 5 anos?*". Ele também se preocupava com a velocidade do crescimento populacional do planeta e dos riscos ao equilíbrio biológico. "*O número de* Ciência e Vida, *de novembro de 1962, nos mostra que a população do globo ultrapassava 3 bilhões de indivíduos e que continuava sua progressão no ritmo anual de 1,8%.*" A projeção de bilhões de habitantes causava apreensões quanto ao futuro. Em 40 anos, a população do planeta dobrou. Atualmente, bilhões de pessoas sobrevivem com menos de dois dólares por dia, e tudo tende a piorar como fora previsto, havendo falta de moradia, alimentos, saúde e educação. Qual será a situação na próxima década?

Atualmente ultrapassamos a casa dos 7 bilhões de habitantes e a utilização de recursos que o planeta pode oferecer está no limite. Grande parcela desse contingente humano vive em precárias condições. Todos dependem da água e do ar para viver. Também necessitam de alimentação e moradia adequada. Outra questão preocupante é a geração de grande quantidade de lixo e dejetos que requerem tratamento especial para não contaminarem o meio ambiente. Em muitos países não há mais onde depositar lixo. Não se compreende como o ser humano pode agir de forma tão displicente, poluindo os rios e desmatando o planeta de forma tão irresponsável. Isso tudo mostra o retrocesso humano, não um progresso real. Trata-se de uma situação delicada, que afeta tudo neste mundo globalizado, desde a economia até os problemas de saúde, em face das rápidas movimentações de pessoas infectadas por vírus desconhecidos.

Durante milênios, a ilusão do progresso resultou na civilização desumana de nossos dias. É gente matando animais, matando árvores, matando gente, sujando rios e mares. Vivemos em uma época na qual muito se fala na queda dos valores, mas o que se desvalorizou primeiro foi a espécie humana. O contínuo desrespeito ao meio ambiente também atinge níveis cada vez mais degradantes. Os oceanos estão próximos a se tornar grandes lixeiras, seja pelos constantes despejos de esgotos clandestinos, seja pelos acidentes aéreos e marítimos que invariavelmente carregam cargas tóxicas e petróleo, vitimando várias espécies marinhas, além de pássaros que se alimentam de peixes. Esses verdadeiros desastres são provocados pela ação do homem.

O desequilíbrio ambiental se evidencia de múltiplas formas: no irresponsável desmatamento, na poluição do ar e das águas, na falta de saneamento. Já nos anos 1960, Choisel apontava essas questões e refletia sobre o que deveria ser feito para um futuro melhor.

A economia se transformou na ciência do dinheiro, o novo ídolo da humanidade, pelo qual se mata e se morre, priorizando a minimização dos custos e a maximização dos ganhos e o combate da inflação que decorre principalmente dos déficits e do consequente acúmulo de dinheiro posto em circulação. O trabalho e os negócios são importantes, mas a vida não é só negócios, temos também de pensar no significado maior que ela tem. A prioridade tem sido a preservação do valor do dinheiro e do poder decorrente de seu acúmulo, embora isso não tenha conduzido a uma real elevação da qualidade de vida e da qualidade dos seres humanos. Os sistemas de distribuição da riqueza, gerada por intermédio do esforço humano, são totalmente falhos, favorecendo a concentração, e agora enfrentamos a grande crise do sistema monetário e cambial.

A real evolução humana deixou de ser importante. Com as dificuldades para conseguir trabalho remunerado e com a redução do poder aquisitivo da população, a falta de esperança de jovens e adultos está se alastrando e a violência aumenta. Sem perspectivas de melhoras, a população passa a levar uma existência sem ânimo. Faltam oportunidades para que, por meio do trabalho digno, as pessoas possam prover as necessidades do lar. Bilhões de jovens estão confusos, sem propósitos, desconhecedores das leis da Criação sem saber o que fazer com a própria vida.

Enquanto uma minoria se apossa da maior parte das riquezas geradas, pessoas que trabalham muitas horas, durante toda uma vida, mal conseguem amealhar um mínimo para sua subsistência. Por outro lado, promove-se novo desequilíbrio com a distribuição de dinheiro para pessoas sem emprego, sem que lhes seja exigida qualquer compensação. As ideias utópicas de uma sociedade comunitária, sem que haja garantia do direito de propriedade, tomando o Estado de uns para repartir com outros, acabaram em nada, pois essas ideias se opõem às imutáveis leis da evolução, que exigem contínua movimentação e permanecem ignoradas até hoje pela maior parte da humanidade. Além disso, o ser humano se revelou inapto, sem o necessário desprendimento para agir de forma justa e isenta, dando sempre expansão ao seu ego e sede de poder. Sem que isso seja sinceramente reconhecido, será impossível alcançar a prosperidade e a paz.

Para evoluirmos de fato torna-se necessário dar o grande salto para o crescimento espiritual através do reconhecimento das leis naturais da Criação que leva ao verdadeiro Amor. Desta forma, o progresso e o fim da miséria serão decorrências naturais, pois o ser humano estará consciente de sua participação no embelezamento do planeta e na contínua melhora das condições de vida.

Jean Choisel analisou, em sua obra, a situação do homem civilizado, técnico, intelectualizado e materialista que sente a precariedade do mundo que construiu, porque, nessa construção, esqueceu os valores espirituais que deveriam orientar sua ação. A falta desse amparo espiritual, de observância das leis do Criador, manifestadas nas criaturas e na natureza, é a responsável direta e indireta pela angústia atual da humanidade. Foi esse perigoso desequilíbrio entre o progresso intelectual e técnico, de uma parte, e o progresso espiritual e moral, de outra, a causa do desaparecimento sucessivo de brilhantes e numerosas civilizações. E hoje nossa civilização, com suas magníficas descobertas tecnológicas, corre o mesmo perigo porque se confronta com esse mesmo desequilíbrio essencial. Para Choisel, a salvação da humanidade reside em um humanismo novo em que o espírito, não o intelecto, domine a ação humana. Só assim conseguiremos uma paz verdadeira.

Autênticos sábios, que também eram sensatos, como Lecomte de Noiiy, Alexis Carrel, Henri Bergson e outros, reconheceram perfeitamente que a evolução devia, prosseguindo em frente, ultrapassar a restrita área de ação do intelecto circunscrito ao tempo-espaço para enveredar pela via de ascensão do espírito. Lamentavelmente não faltaram aqueles que, percebendo todo o desvairo da civilização, enveredaram pelos caminhos do socialismo que sufoca as liberdades da humanidade e o progresso espiritual.

Capítulo 15

O Plano da Criação

Não se pode admitir em sã consciência que a competição e o puro acaso provocaram o aprimoramento progressivo das espécies; ele é fruto de um plano muito bem articulado com as leis naturais da Criação, que estabeleceram uma sequência lógica de diversificação no desenvolvimento da vida, desde as formas mais simples até alcançar as mais complexas, por meio da conjunção das matérias vivificadas pela energia.

Após uma semana, Master, Ivan Ruiz e Jean Baptiste foram visitar Arnaboldi, que estava em repouso, em sua casa, recuperando-se do ferimento. Eles conversaram sobre quem poderia ter sido o mandante do sequestro e quais seriam suas intenções quanto à utilização do documento roubado.

– Não posso afirmar com certeza, mas acredito que Robert teve uma participação naquilo tudo – opinou Arnaboldi.

– E por que você acha isso, meu amigo? – perguntou Master.

– É só uma intuição. Percebi a reação dele quando você entregou o documento ao Oliver. Ele esboçou certo ar de contentamento, mas logo disfarçou. Mas, de repente, pode ter sido só impressão minha. Talvez não seja nada disso – respondeu Arnaboldi.

– Nunca duvide da sua voz interior, meu amigo. Em geral, é sempre a voz da verdade – disse Master. – Eu e Ivan também tínhamos suspeitado do Robert e levantamos a ficha dele. O rapaz se envolveu em alguns atos criminosos ou, no mínimo, desabonadores. Mas nada ficou provado contra ele, o que demonstra que ele é habilidoso.

– E o que vamos fazer? – perguntou o amigo italiano.

– Vamos ficar de olho nele. Quem sabe ele acaba se traindo e nos leve a quem de fato está por trás disso – respondeu Zaion.

– Você suspeita de alguém em particular? – questionou Jean Baptiste.

– Ainda é cedo para fazer qualquer acusação. Vamos dar tempo ao tempo – respondeu Master, cauteloso.

Intimamente, Zaion achava que Giorgio Dark deveria ser o mandante, mas preferiu não dividir essa suspeita com os amigos para não influenciá-los. Sabia que cedo ou tarde a verdade iria aparecer.

– Os bandidos que foram presos e interrogados pela polícia disseram que não sabiam de nada – informou Ivan Ruiz. – Eles alegaram que foram contratados por um tal de James Mills para sequestrar a moça e mantê-la no cativeiro e não sabem se há mais alguém envolvido.

– A polícia nos informou que James Mills é um traficante de drogas que possui uma extensa ficha de crimes – completou Jean Baptiste. – Eles estão tentando prendê-lo há algum tempo e irão reforçar as buscas.

Depois que os amigos foram embora, Carlo Arnaboldi ficou refletindo sobre tudo o que haviam conversado naquela tarde. Pouco tempo depois, Patrizia chegou e, após deixar os livros e a bolsa sobre a mesa, foi correndo abraçar o pai.

– Oi, paizinho, como passou o dia? – disse a jovem.

– Não tão bem como você, pelo visto – respondeu Arnaboldi. – O que foi que aconteceu que a deixou tão feliz?

– Ah, eu não consigo disfarçar nada mesmo, não é? Olhe só pra isso – disse Patty, abrindo um pouco mais a gola de sua camisa, para mostrar um delicado colar de ouro com um pequeno brilhante como pingente. – Foi um presente do Robert. Não é lindo? Ele o comprou naquele dia fatídico do sequestro da Penny e, com tudo o que aconteceu, só teve cabeça pra me dar o colar hoje.

– Deixe-me ver – disse Arnaboldi, aproximando-se da filha. – Mas é ouro e o brilhante parece ser verdadeiro. Pelo visto o rapaz está com sérias intenções a seu respeito. E você? Quais são os seus sentimentos por ele? Acha que esse relacionamento tem futuro?

– Ah, sei lá, pai. Ainda estamos nos conhecendo. Eu gosto dele. É inteligente, divertido, educado e me trata com muito carinho e atenção. Mas, às vezes, tenho a sensação de que me esconde alguma coisa. Não sei nada sobre a família dele e, todas as vezes que pergunto, ele acaba mudando de assunto e não responde. Ele também é muito ambicioso, fala sempre no quanto quer ficar rico e poderoso. Isso me incomoda um pouco.

– Bem, se você acha isso, seria melhor se afastar dele por um tempo para analisar seus sentimentos e saber o quanto gosta dele de verdade – disse Arnabold, tomando cuidado para que sua filha não visse sua preocupação.

– Calma, pai, não precisa ficar com ciúmes. Não pretendo me casar tão cedo, nem com ele, nem com nenhum outro rapaz. Vou primeiro concluir o meu curso na faculdade e só depois de arrumar um bom emprego é que vou começar a me preocupar com isso, certo? – disse Patrizia, rindo.

– Não é nada disso, minha filha. Eu sei muito bem o quanto você é responsável. Só não quero que se magoe. As pessoas costumam se esconder atrás de muitas máscaras e, quando a verdade aparece, a decepção pode ser muito grande. Não quero que você sofra. Por isso, fique atenta, está bem? – alertou Arnaboldi.

– Fique tranquilo, eu sei me cuidar – respondeu a jovem, abraçando ternamente o pai. Mais tarde, em seu quarto, Patty pensava no que Arnaboldi tentara lhe dizer, embora não abertamente. "Será que é só preocupação de pai, ou ele descobriu algo sobre o Robert que não quis me contar? Melhor eu ficar esperta", pensou.

Naquela noite, Robert também estava radiante, não apenas por ter visto os olhos da namorada brilharem e seu rosto se iluminar quando ele lhe deu o presente, mas por ter sido efetivado na empresa de Giorgio Dark como seu assistente pessoal. Prudente, ele preferiu não contar a Patty sobre sua promoção, e imaginava como poderia enriquecer rapidamente ficando ao lado daquele homem poderoso. Além do emprego, o rapaz também ganhou uma grande quantia em dinheiro e a promessa de seu chefe de que muito mais estaria por vir.

Duas semanas depois, Master foi convocado para uma reunião extraordinária da Liga dos Líderes. Achou muito estranho o motivo, pois o encontro havia sido marcado em caráter emergencial a pedido de Giorgio Dark.

Dando início aos trabalhos, Dark logo foi justificando a urgência:

– Senhores, agradeço por terem atendido à minha solicitação. Como todos sabem, meu propósito, em todos esses anos, sempre foi o de oferecer o melhor para a humanidade, e esse tem sido nosso objetivo. Eu os chamei aqui hoje porque tenho em mãos um documento extremamente importante. Como ele chegou até mim de forma um tanto inusitada, já que veio pelo correio sem a identificação do remetente, a princípio não lhe dei muita importância. Mas após uma análise criteriosa da minha equipe, comprovou-se a sua veracidade. Trata-se de um estudo feito por Charles Darwin que ficou escondido durante todos esses anos – disse Dark, olhando diretamente para Henrique Zaion com uma expressão de triunfo em seu rosto.

Ao dizer que o documento veio pelo correio, Dark eliminava a necessidade de explicar a origem e o remetente. Uma pessoa de boa índole, ouvindo-o falar dessa forma, certamente ficaria impressionada, mas um observador atento logo perceberia o descasamento entre as palavras e a real intenção. Imediatamente Master entendeu quem foi o verdadeiro mandante do sequestro e, como suspeitava, era Giorgio Dark. Mas, ao mesmo tempo, estava de mãos atadas, pois não havia provas para desmascará-lo naquele momento. Todos os presentes ficaram bastante surpresos com a revelação e, depois que Giorgio conseguiu que a ordem se restabelecesse, continuou sua explanação.

– Trata-se de um estudo comprovando a evolução humana baseada na dominação do mais forte sobre o mais fraco através da sagacidade intelectiva, pois sem isso não haverá ordem nem disciplina, surgindo o caos. O documento referenda vários pontos que venho defendendo há anos. Vocês poderão conferi-lo agora mesmo. Fiz uma cópia do estudo para cada um dos senhores. Em anexo, está um plano de ação que elaborei, que também está sendo entregue aos senhores e que, daqui em diante, deverá pautar a educação dos jovens que nos sucederão no comando da vida. Temos que ser fortes, controlar a indolência das massas e coibir a ação de grupos descontentes com a situação que se rebelarem com intenções de desestabilizar nossos sistemas de vida. Nós decidiremos como as populações devem viver, se alimentar, o que consumir. Estão aí para obedecer e nós para comandar. O que vai ser do mundo se cada um quiser comandar o próprio destino?

– Mas como podemos ter certeza de que esse documento é autêntico e que foi realmente escrito por Darwin? – provocou Master.

– O manuscrito foi analisado por vários peritos da Universidade de Oxford e de outros institutos de ilibada reputação. Não há dúvida. É autêntico e tenho os laudos para comprovar – respondeu. – Mas por que a dúvida, Zaion? Por acaso você já havia visto este documento? – questionou Dark em tom irônico.

– Não. Só queria ter certeza de que não se trata de nenhum engodo – respondeu Zaion, também de forma irônica.

A reunião durou o dia todo e, depois de várias discussões, Giorgio Dark conseguiu a aprovação dos líderes para todas as suas propostas. Ele apenas estranhou a reação de Zaion, que não refutou e se manteve calado durante a maior parte do tempo. No final do encontro, quando quase todos já haviam se retirado da sala, Zaion e Dark ficaram cara a cara.

– Pois então, Zaion, finalmente os líderes ouviram a voz da razão. O que tem a dizer sobre isso?

– Que a guerra ainda não terminou. Passe bem, meu caro – disse Zaion, e saiu.

No caminho para casa, Master pensava em como havia sido fácil para Dark manipular os líderes com todas aquelas informações falsas. Ele sabia que precisava agir rápido para desmascarar seu inimigo e impedir que todas as deliberações acordadas naquele encontro chegassem a ser implantadas de fato.

Master estava convencido de que a encarnação do ser humano se deu no momento em que o planeta havia alcançado todas as necessárias condições para a vida e que tudo no ambiente terreno estava preparado para receber a semente espiritual, o ponto culminante da evolução das espécies que iria enobrecer a matéria. O ser humano devia ser o elo de ligação entre a densa matéria terrena e as refinadas irradiações celestes. No entanto, deixou-se dominar pela faculdade de pensar e passou a planejar a vida exclusivamente em seus aspectos materiais, passando por cima de tudo e de todos, o que o fez sentir-se engrandecido a ponto de achar que não mais necessitava de sua intuição, que sempre havia lhe indicado o caminho certo para a contínua evolução e progresso. Essa forma de pensar, distorcida da realidade, é a que Dark defende e quer perpetuar. Entretanto, ela poderá nos reconduzir à barbárie, à autodestruição. Aliás, a barbárie já está de volta, com a nova cara da crueldade, é verdade, mas a essência é sempre a mesma: "manda quem pode, obedece quem tem juízo". O diferencial agora é que muitos não aceitam mais essa situação e, como não podem mostrar isso abertamente, se valem de atitudes bárbaras com atos de sabotagem, boicotando, ou simplesmente perdendo todo o interesse e motivação.

Na vida de todo ser humano, há uma temporária pressão prevista na evolução natural provocando o desabrochar de todas as forças espirituais, oferecendo exatamente o melhor e o mais seguro auxílio para o desenvolvimento espiritual como graça do Criador. Esse auxílio reúne grande bênção para a conservação e progresso. No entanto, os seres humanos, como que sedados, se deixam envolver por futilidades e facilmente se entregam ao comodismo fugindo do necessário esforço individual, permanecendo na indolência em vez de aproveitarem as dificuldades para se fortalecerem espiritualmente.

Como escreveu Roselis von Sass, a transformação e distorção interior do ser humano se deram paulatinamente e foram iniciadas com a supremacia concedida ao raciocínio, o que, automaticamente, acarretou a modificação das duas partes do cérebro originariamente iguais. Escreveu Roselis: "Veio a época na qual o ser humano não mais deu ouvidos aos sentimentos intuitivos influenciados pelo espírito. Eram-lhe incômodos. Não mais necessitava deles. Seu raciocínio, tão só, era suficientemente sagaz para vencer na vida terrena! Dessa maneira, iniciou-se o pecado contra o espírito!". A parte destinada à assimilação das vibrações do espírito foi negligenciada e suprimida, até que, por fim, atrofiou totalmente. Hoje essa parte do cérebro é chamada cerebelo. Alguns homens se tornaram despóticos e briguentos, passando a oprimir os mais fracos. Tornaram-se prepotentes, vangloriando-se de serem os senhores da Terra. Com o tempo, cada saber espiritual puro era contaminado com o germe da mentira. Quando isso acontecia, os seres humanos perdiam o apoio firme que os ligava com o mundo da Luz, tornando-se supersticiosos e temendo suas próprias formas de pensamento. Sempre que a mentira prevalecia, desvirtuando os verdadeiros ensinamentos, começava a decadência humana, gerando a destruição de vários povos, o que vem acontecendo há 1 milhão de anos.

O significado de cerebelo, em latim, é "pequeno cérebro", o que não deixa de revelar a realidade, isto é, o cerebelo é o cérebro que ficou pequeno porque não se desenvolveu como devia. Os neurocientistas já descobriram que a percepção intuitiva precede a consciência, resta perceber que ela é captada pelo cerebelo. A transformação dos seres humanos acarretou enorme infortúnio para o planeta com trágicas consequências. No livro *Na Luz da Verdade*, Abdruschin coloca os pingos nos "is", revelando o grande mistério do erro humano: "Provar da árvore do conhecimento outra coisa não foi senão cultivar o raciocínio. A separação da matéria fina, que a isso liga, foi também o fechamento do Paraíso, como consequência natural. Os seres humanos excluíram-se por si mesmos, ao se inclinarem totalmente à matéria grosseira através do raciocínio, portanto rebaixando-se, e voluntariamente, ou seja, por escolha própria, forjaram sua servidão".

– Então é isso – observou Master. – Essa é a causa de toda a decadência de um mundo tão rico, tão cheio de possibilidades, justamente o oposto das teorias que Dark defende. O ser humano extraviou-se, produzindo misérias e sofrimentos, sem jamais ter atingido a verdadeira evolução e progresso que trariam a paz e a felicidade. O raciocínio lhe foi concedido como uma maravilhosa ferramenta para ser subordinada ao eu interior, ao espírito e, ao captar a Força da Luz, atuar em concordância com as leis naturais da evolução, enobrecendo o ambiente terrestre. No entanto, ele tem sufocado toda vibração espiritual nobre.

Necessitamos da Força da Luz para entoar a canção da reconstrução e, com alegria no coração, integrar efetivamente o maravilhoso plano da Luz, cuja finalidade última é a elevação da espécie humana. Tudo tem que se renovar. A sociedade humana precisa de cuidados especiais e ser continuamente alimentada com propósitos nobres para se manter sadia, vigorosa e, assim, não afundar nos precipícios da destruição. O ser humano deve se esforçar buscando sempre o aprimoramento pessoal e da sociedade. Mas, para isso precisa de autodomínio para não cair nas ciladas do raciocínio que quer impedir a manifestação intuitiva. Vivemos um momento de crises. De século em século, em vez de caminhar na direção da verdadeira evolução, a humanidade tem sido conduzida para o oposto do que era desejado. Estamos em um impasse dramático diante de tantos desafios e dificuldades criadas pelo próprio ser humano que, obstinadamente, não quer ajustar-se ao movimento evolucionista da Criação. Mais do que nunca, a sociedade humana necessita de líderes autênticos que abram as janelas da iluminação para a legítima expressão do eu interior, o único verdadeiro.

Capítulo 16

Uma Nova Visão do Mundo

"Tudo que o homem semear, isso também colherá!"
(Gálatas, 6,7)

Esta pequena frase contém a essência da evolução da espécie humana: "O que a criatura humana semear, terá de colher múltiplas vezes", como colheu tantas vezes com os acontecimentos durante séculos. Isso é nitidamente perceptível para aqueles que mantêm os olhos bem abertos e conseguem ver com o raciocínio e também com a intuição, que sempre distingue a verdade da mentira.

O mundo em que vivemos é o resultado da evolução ao longo dos milênios. Nós apenas não nos esforçamos para compreender que somos os agentes causadores da paz e felicidade ou de todo o infortúnio através de nosso querer, de nossos sentimentos, pensamentos, palavras e ações, acolhidos pelos mecanismos naturais que reproduzem a igual espécie. Vivemos o auge de milênios de predominância da desconfiança mútua. Como fúria, ela ataca, corroendo tudo que quer se formar de bom, impedindo a convivência harmoniosa com vistas ao progresso individual e geral. Há muitos que invejam e desejam o que os outros possuem sem se movimentar para colher o que querem com esforço próprio.

Ao sair do encontro da Liga dos Líderes, Zaion convocou os membros da Fraternidade Ametista para uma reunião na casa das irmãs Sinclair com o intuito de lhes contar que o documento fora apresentado por Dark e que precisavam agir rápido para desmascarar o inimigo. Em seu gabinete distante dali, muito mal-humorado, Dark tecia seus planos diabólicos.

– Agora não tenho dúvida de que Dark foi o mandante do sequestro de Penélope, mas infelizmente ainda não há como prová-lo – disse Master. – Também tenho fortes razões para suspeitar que, de alguma forma, Robert esteve envolvido nisso.

– Eu concordo com você e me disponho a segui-lo para saber com quem ele anda se encontrando – sugeriu Ivan Ruiz.

– Acho uma ótima ideia – concordou Master. – Mas tome cuidado para que ele não perceba nada.

– Será que devemos alertar Patrizia, Oliver e Penélope sobre Robert? – questionou Arnaboldi.

– Por enquanto não – disse Master. – Primeiro porque não temos provas, mas apenas suspeitas. E segundo, porque eles podem querer confrontá-lo e com isso dificultar nosso trabalho. É melhor que o rapaz e o próprio Dark pensem que nos venceram. Assim será mais fácil encontrar provas contra eles.

Conforme o combinado, Ivan Ruiz passou a seguir Robert e não tardou a descobrir que o rapaz trabalhava no escritório de Giorgio Dark como seu assistente. O espanhol ficou de campana durante vários dias sem conseguir ver nada suspeito até que, finalmente em uma noite, depois de deixar Patrizia em casa, Robert foi para um pub no centro de Londres. Ivan o seguiu, tomando cuidado para não ser notado. Após tomar algumas cervejas no bar e de se assegurar que não havia ninguém conhecido por perto, Robert se dirigiu a uma mesa onde estava um homem. Ele puxou uma cadeira e os dois começaram a conversar. Sem perder tempo, Ivan se sentou em uma mesa perto para tentar escutar algo, mas havia um burburinho de pessoas e ele não conseguiu entender o que diziam. Ele, então, pegou seu celular e disfarçadamente tirou uma série de fotos dos dois. Em um dado momento, Robert olhou ao redor e Ivan rapidamente ajeitou o boné que estava usando para esconder a sua cara e deu um gole em seu chope. O rapaz não o reconheceu e de forma discreta tirou um envelope de sua jaqueta, entregou-o para o homem e saiu em seguida.

Ivan Ruiz não perdeu tempo e foi direto para a delegacia de polícia. Ao mostrar as fotos, descobriu que o homem com quem Robert se encontrara era o traficante de drogas James Mills. O espanhol passou o endereço do pub para a polícia e em poucos minutos várias viaturas cercaram o local. James Mills tentou fugir por um beco, mas acabou sendo preso. Depois de horas de interrogatório, o traficante confessou que conhecia Robert há alguns anos e que ele o ajudou a vender drogas na Universidade durante um tempo. Ele também confessou que o rapaz o havia contratado para sequestrar Penélope e que tinha ido ao pub, naquela noite, para receber a parcela final do pagamento pelo serviço.

Na manhã seguinte, Robert estava tranquilamente tomando o café da manhã em uma lanchonete do *campus* da Universidade de Cambridge, acompanhado por Patrizia, Oliver e Penélope, quando policiais à paisana se aproximaram e lhe deram voz de prisão:

– Robert Prescott você está preso, acusado de ser o mandante do sequestro de Penélope Lancaster. Você tem direito de ficar em silêncio. Se abrir mão desse direito, tudo o que disser poderá e será usado contra você.

Atordoado, Robert não podia acreditar no que estava acontecendo.

– Isso é um absurdo! Vocês estão enganados. Eu não tive nada a ver com isso – disse Robert, olhando para a cara de espanto dos jovens que estavam a seu lado. – Penny, Oliver, vocês precisam acreditar em mim. Eles estão loucos. Eu não fiz nada – disse Robert. Depois, voltou-se para Patrizia: – Patty, meu amor, você me conhece. Sabe que eu seria incapaz de fazer uma atrocidade dessas.

– Não adianta negar – disse um dos policiais. – Seu comparsa foi preso ontem à noite e confessou tudo.

Penélope mal podia acreditar no que estava ouvindo. Ficou pálida e quase desmaiou, sendo amparada por Oliver e Patrizia, que estavam igualmente atônitos. Os policiais colocaram algemas em Robert e o conduziram até a viatura de polícia. Quando ele estava entrando no carro, uma motocicleta surgiu a toda a velocidade e a pessoa na garupa começou a atirar. Robert e um dos policiais foram atingidos pelos tiros e a moto seguiu em disparada. A ação foi tão rápida que os outros policiais não tiveram tempo de reagir.

Patrizia deu um grito e, instintivamente, correu para amparar o namorado. Ao se aproximar, viu que Robert estava inconsciente e com a camisa toda ensanguentada. Ela amparou a cabeça dele em seu colo, até a ambulância chegar e o levar para o hospital.

Dias depois, os companheiros da Fraternidade Ametista se reuniram na casa de Master para discutir o plano de ação.

– Desta vez Dark foi longe demais – disse Zaion. – Ele sabia que estávamos chegando perto e resolveu eliminar seu principal cúmplice. Por falar nisso, vocês têm notícia sobre o estado do rapaz?

– A cirurgia correu bem, mas Robert está em coma e os médicos não sabem dizer se e quando ele recobrará a consciência – informou Arnaboldi. – Minha filha não para de chorar e não sai do hospital. Apesar de decepcionada com tudo o que ele fez, ainda assim ela o ama.

– É uma pena que a ambição o tenha levado a trilhar esse caminho. É o que acontece quando nos desviamos dos reais valores da vida – disse Brenda Sinclair.

– Tem razão, minha amiga, que se cumpram as leis. Vamos esperar que ele se recupere logo e se arrependa das besteiras que fez – completou Jean Baptiste.

– O pior é que sem o testemunho de Robert não temos como acusar Giorgio Dark. Ou seja, voltamos à estaca zero – lamentou Ivan Ruiz.

– Não é bem assim – rebateu Master. – Nossos queridos amigos Brenda, Bárbara, Viveca, Humberto e os professores Bruce Kenneth e Reinaldo Gonçalves, aliando a intuição com a experiência adquirida, fizeram bem a lição de casa e acabam de me entregar o que eu precisava para desmascarar Dark. Já marquei uma reunião extraordinária com a Liga dos Líderes, quando poremos por terra as teorias às quais Dark se agarrou por conveniência. No entanto, Dark ultrapassou todos os limites e terá de arcar com as consequências de seus atos malévolos, colhendo o que tem semeado.

Capítulo 17

Em Benefício da Humanidade

Mais uma vez o centro de convenções do suntuoso Palácio de Worcester foi palco para o encontro dos homens mais poderosos do mundo. Giorgio Dark foi um dos primeiros a chegar e, assim que avistou Henrique Zaion, foi direto ao seu encontro.

– O que você pretende com essa convocação? Não me diga que irá explanar mais alguma de suas baboseiras ambientalistas – disse Dark, com visível escárnio.

– Na hora certa você saberá – rebateu Master e saiu para cumprimentar os líderes que começavam a chegar.

Dark ficou pensando que deveria ter impedido essa reunião às ocultas, como de costume. No entanto, sentindo-se vitorioso, descuidou-se e não se perdoava por isso. Quando tentou interferir, a reunião já havia sido agendada.

Quando todos já estavam acomodados em seus lugares, Zaion pediu a palavra:

– Senhores, agradeço por terem atendido ao meu pedido para nos encontrarmos aqui hoje. O que tenho a dizer é de suma importância e certamente mudará o rumo das decisões acordadas na reunião anterior. Primeiramente devo dizer que o documento que foi apresentado por Giorgio Dark no encontro passado é falso.

A revelação causou grande espanto e imediatamente iniciou-se um burburinho na sala. Dark não se conteve e reagiu:

– Isso é um absurdo. O documento é legítimo e sua veracidade foi atestada por vários estudiosos e por institutos de ilibada reputação. Se nos chamou aqui para isso, eu proponho que a reunião seja encerrada imediatamente – disse Dark, com a voz alterada.

– Silêncio, por favor – pediu lorde Mainsfield, representando o Parlamento inglês. – Dark, entendo sua posição, mas o professor Henrique Zaion é uma das pessoas mais sérias e responsáveis que eu conheço e tenho certeza de que não seria leviano a ponto de nos convocar se não tivesse provas do que está afirmando. Eu, pessoalmente, e acredito que os demais líderes aqui presentes concordam comigo, gostaria de ouvir o que Zaion tem a nos dizer. Por favor, professor, continue.

Dark não teve alternativa a não ser conter sua ira e se calar. Zaion, então, prosseguiu:

– Obrigado pela confiança, lorde Mainsfield. Como estava explicando, Charles Darwin nunca fez um estudo sobre as mutações da caixa craniana do homem, nem nada parecido. O documento que Giorgio Dark lhes apresentou foi, na verdade, elaborado por Isaac Broderick, um naturalista que costumava frequentar a casa de Darwin, mas que apregoava teorias e conceitos muito diferentes dos defendidos por ele. Sua intenção era esperar que Darwin morresse para só então divulgar o estudo e fazer com que todos acreditassem que era de sua autoria, para conseguir maior notoriedade e respeito da comunidade científica. Por isso falsificou a assinatura e utilizou o mesmo estilo de escrita de Darwin. À primeira vista, o documento parece, de fato, autêntico. Mas estudos laboratoriais e grafológicos mais sofisticados demonstraram que se trata de uma falsificação. Trouxe os laudos para comprovar. O verdadeiro autor representava os interesses de um grupo que ansiava conseguir influenciar reis e governantes da época a adotarem uma forma astuta de gestão dos assuntos de Estado que induzia a sufocar a voz interior e a priorizar exclusivamente o raciocínio frio e calculista, além de justificar como válida a exploração da natureza, dos animais e dos seres humanos, sem a menor consideração, visando vantagens próprias.

– Isso não tem o menor fundamento – interrompeu Dark. – Como podemos saber que não se trata de uma manobra sua para desvirtuar as decisões já tomadas no encontro anterior? Essa teoria estapafúrdia de que o tal Isaac queria que todos acreditassem que o documento era de autoria de Darwin só pode ter saído dessa sua cabeça fantasiosa. É o que acontece quando deixamos a mente divagar a esmo para criar fantasias.

— Ora, por favor, não diga asneiras e me deixe concluir — rebateu Zaion, mostrando certa impaciência. — Tenho como provar tudo o que estou dizendo. Meus companheiros da Fraternidade Ametista, que são profissionais de irrefutável competência e reputação, se dedicaram a descobrir a verdade e, depois de tanto pesquisar, conseguiram comprovar que o documento era falso. Eles também entraram em contato com um dos netos de Broderick, que herdou a mansão em que o avô morava. Em uma visita à casa, puderam entrar na biblioteca e lá descobriram que havia um fundo falso em uma das gavetas da escrivaninha e, dentro dele, um diário em que Broderick confessava o que pretendia fazer. No entanto, o destino não lhe concedeu mais tempo, ele teve um ataque cardíaco e faleceu antes de Darwin e, portanto, não conseguiu levar seu plano adiante. Tudo isso que estou dizendo está devidamente documentado e sua autenticidade é comprovada por institutos de renome mundial.

— Se o documento foi escrito por Darwin ou por esse tal de Broderick é algo totalmente irrelevante — interrompeu mais uma vez Dark. — Senhores, o que devemos levar em consideração é o conteúdo, e não seu autor. Se analisarmos a história, todo o desenvolvimento e progresso que a humanidade alcançou até hoje foi obtido com o emprego do raciocínio e da razão por empreendedores que tinham garra para atingir seus objetivos, custasse o que custasse. Só os tolos pensam de forma diferente e apregoam baboseiras de sentimentalismo e coração. O mundo pertence aos fortes e não há lugar para os fracos. Zaion está utilizando subterfúgios para nos enfraquecer, para que percamos o controle conquistado a duras penas. Darwin talvez não tenha escrito esse documento, mas em outros estudos ele demonstrou que o processo de adaptação e mutação acompanhou a seleção natural, e coube aos fortes de raciocínio e aos astutos conservar o comando das comunidades e sociedades às quais pertenciam, exercendo o controle da população. O cérebro e o raciocínio são nossas maiores e melhores armas.

Com essas declarações, muitos dos líderes presentes, de menor estatura moral, estavam propensos a concordar com Dark, pois as ideias eram de seu agrado e vinham ao encontro de seus interesses. Em meio ao vozerio, Master conseguiu retomar a palavra.

– Com todo o respeito, quem deseja distorcer informações e manipular os senhores aqui não sou eu. Devo lembrá-los de que, recentemente, a partir dos estudos de Darwin, alguns naturalistas constataram o desequilíbrio no desenvolvimento cerebral, mas a maioria desses estudos desapareceu. Apesar disso, descobriu-se que somente por meio do equilíbrio no funcionamento do cérebro anterior e da parte que chamamos cerebelo é que a alma ou espírito, como seria mais acertado dizer, em seu contínuo processo de desenvolvimento, alcançará a cada geração a posição para a qual foi destinada, isto é, ao nível mais alto de espiritualidade e plenitude; caso contrário, sem a possibilidade de sua atuação, o homem, utilizando apenas a vontade cerebral, provocará ruína e autodestruição ao seu redor. Ainda no terreno das pesquisas, muitos estudiosos já admitem a existência de algo mais na caixa craniana, um ponto que desenvolve lampejos intuitivos, um tipo de percepção interior que aumenta os horizontes das pessoas, gerando mais criatividade e que muitas vezes inquieta, fazendo pessoas perceberem a necessidade de buscar o significado da vida e a razão de estarem vivas neste planeta. Essa percepção provém da alma, e a sua conexão com o cérebro depende do bom funcionamento do cerebelo. Conforme explicação dada por Abdruschin, em *Na Luz da Verdade*, há na caixa craniana uma oficina formada pelo cérebro e cerebelo e toda uma rede destinada a captar o lampejo intuitivo procedente do espírito e transformá-lo para a correta compreensão do raciocínio e desenvolvimento da correspondente ação.

Os relatos de Master iam inquietando visivelmente os participantes, até que lorde Mainsfield não se conteve e falou:

– Um momento, professor Zaion, o que você está nos dizendo é algo inusitado, não estamos conseguindo compreender o que você quer nos dizer, o que se trata exatamente essa questão do cérebro?

– De fato, trata-se de um saber que de longa data temos nos afastado, e agora mais ainda. Para bem esclarecer, vou empregar palavras da pesquisadora espiritualista Roselis von Sass. Segundo ela, "*devido à* decadência espiritual e, por conseguinte, ao atrofiamento de uma parte do cérebro, os seres humanos acabaram reduzindo e até mesmo perderam o contato com os demais setores de ondas.

Por essa razão ficou restrita a faculdade de recepção do ser humano terreno, que capta naturalmente apenas impressões da matéria mais grosseira. Também é esse o motivo por que se considera a técnica e demais conquistas de espécie grosso-material como sendo feitos máximos da capacidade humana, louvando-as". (*O Livro do Juízo Final*). No entanto, há muito mais a ser considerado pelo ser humano para que alcance um progresso real até agora considerado impossível. É para isso que tenho despertado a atenção de todos, pois existem vias humanizadas para percorrermos em nossa trajetória.

Voltando ao que dizia, Master continuou:

– Os cientistas têm obtido algum progresso na complementação dos estudos de Charles Darwin, desde que ele publicou sua teoria da origem das espécies e a seleção natural em 1859. Muitas foram as descobertas sobre o registro fóssil e fisiologia, microbiologia, bioquímica, etiologia e vários outros ramos das ciências da vida nos últimos cem anos, com todo esse desenvolvimento era de se esperar que houvesse um grande avanço do *Homo sapiens*. A teoria evolucionista não é completa e não há consenso entre todos os cientistas. Ainda nos falta a visão global dos acontecimentos na Criação, pois sempre faltou o essencial que associasse uma visão espiritualista lógica ao estudo científico consentâneo com a natureza e suas leis.

Após todas as pesquisas e análises, ficou evidente que o ser humano não é constituído somente de ossos e músculos, e não há como acreditar que sejamos diretamente descendentes de macacos peludos. Esse é exatamente o ponto nevrálgico da questão não solucionada por Darwin. Há um elo perdido na cadeia evolutiva em sua transição para o homem, representada por uma espécie hoje extinta, os chamados babais, que viveram na Terra em tempos remotos. Tais primatas alcançaram o ápice de sua evolução em milhões de anos. Segundo Roselis von Sass, esses animais pareciam seres humanos, não tinham pelos e caminhavam eretos. Foram eles que deram ensejo para a encarnação dos primeiros espíritos de seres humanos de forma que pudessem iniciar na Terra um novo ciclo evolutivo. Mas, nossa espécie, por ignorância de sua origem e pela indolência, ficou acomodada e, em muitos casos, retrogradou em vez de evoluir na alma, corpo e mente de forma equilibrada. Assim como tivemos a capacidade de livrar o Rio Tâmisa da imundície e do mau cheiro, temos de nos esforçar para libertar as novas gerações dos falsos conceitos dogmáticos que atravancam a mente para o saber real.

– Desde a teoria de Darwin surgiram outras descobertas, como o fato anunciado por Edwin Hubble de que o universo é 1 trilhão de vezes maior do que se acreditava, além da existência de muitas galáxias. Einstein também descobriu que o universo está em permanente expansão, isto é, a lei natural do movimento atua na Criação em uma evolução constante. Portanto, caberia à espécie humana observar isso tudo para acompanhar o movimento evolutivo da Criação conjuntamente com o todo, aprimorando e embelezando a vida no planeta Terra. A Criação resultou de um processo construtivo e contínuo de irradiações e aglomerações, cuja finalidade foi dar ao espírito humano a possibilidade de desenvolvimento para a tomada de consciência. A encarnação do ser humano se deu no momento apropriado em que o planeta havia alcançado todas as necessárias condições para a vida e quando tudo no ambiente terreno estava preparado para receber o espiritual que deveria enobrecer a matéria. A utilização do cérebro, em desacordo com o que estava previsto, e seu consequente fortalecimento unilateral atuaram como obstáculo, retardando e impedindo a conscientização do ser humano. O homem se deixou envolver pela esfera puramente material, sem adquirir a conscientização do significado espiritual da vida, afastando-se, dessa forma, da felicidade e da paz que surgem com a observância das leis naturais da Criação. O ser humano deve ser o elo entre a densa matéria terrena e as refinadas irradiações celestes. No entanto, deixou-se dominar pela faculdade de pensar e passou a planejar a vida exclusivamente em seus aspectos materiais, o que o fez sentir-se engrandecido a ponto de achar que não mais necessitava de sua intuição, que sempre havia lhe indicado o caminho certo para a contínua evolução e progresso. E é essa forma de pensar, distorcida da realidade e incompleta, que Dark defende e quer perpetuar.

Com sua forma lúcida de expor os argumentos, Master foi conquistando a atenção e o respeito da maioria dos líderes presentes, que iam percebendo que muito poderia ser feito para a melhora geral. E foi mais além em suas explanações:

– Senhores, hoje o planeta atingiu seu limite e há déficit dos recursos naturais. A população continua crescendo. No tempo de Jesus, havia aproximadamente 300 mil habitantes. No século XV, eram 500 mil. Mas, nos últimos 300 anos, esse número cresceu para mais de 7 bilhões de habitantes. Estamos no limite e a tendência é de que o crescimento continue. Nossa sociedade ainda não adquiriu a consciência de que a superpopulação mundial, como uma das danosas consequências do mau uso do raciocínio e consequente acorrentamento à matéria, está levando o planeta ao ponto de saturação. O que nos aguarda no futuro? Estamos caminhando para a autodestruição, agravada pela crise nas finanças e na economia, o artificialismo no estilo de viver, fundamentado no materialismo, coloca a paz mundial em risco. Não podemos continuar envolvidos em discussões teóricas e estéreis sobre nossa missão como seres humanos. Essa é a oportunidade para compreender a origem do declínio e dar início a uma nova construção que nos recoloque na posição de sensatos administradores do planeta, por meio da civilização plena, desenvolvida pelo homem integral, dotado de intuição e raciocínio em equilíbrio, em uma atuação conjunta, apto a assimilar a verdadeira sabedoria cósmica e construir a beleza e a paz por onde passar. E isso tem de começar pela educação das novas gerações.

No tempo restante da reunião, vários líderes colocaram seus pontos de vista e ficou patente dois grupos bem definidos: um deles, mais conservador, raciocinava em termos de resultados financeiros e tendia a apoiar Dark; o outro, mais sensível ao sentido da vida, percebia a necessidade de se alterar os parâmetros e se mostrava propenso a fortalecer as ideias de Zaion. No final, lorde Mainsfield tomou a palavra:

– Senhores, depois de tudo o que ouvimos aqui hoje, sugiro encerrar a reunião. Acredito que precisamos de mais tempo para refletir bastante sobre os argumentos apresentados por Zaion, Dark e por outros líderes. Proponho que dentro de duas semanas voltemos a nos reunir para, então, decidirmos novas diretrizes.

No dia seguinte, os amigos da Fraternidade Ametista se reuniram para auxiliar Zaion a fundamentar conceitos e propostas que seriam apresentadas no próximo encontro da Liga dos Líderes. Os trabalhos já haviam começado, quando Carlo Arnaboldi chegou, trazendo uma boa notícia:

– Amigos, acabei de receber um telefonema da minha filha Patrizia. Anteontem Robert finalmente saiu do coma e está se recuperando bem. Precisamos reforçar a segurança no hospital para impedir novo atentado.

– Mas essa é uma excelente notícia! – exclamou Ivan Ruiz.

– Ele está consciente e se lembra de tudo? Irá depor contra Dark?

– Sim, ele está consciente e se lembra do que houve, mas quanto ao resto, minha filha pediu que tivéssemos um pouco de paciência. Ele ainda está se recuperando e ela quer evitar que ele possa ter alguma recaída – respondeu Arnaboldi.

– Vamos respeitar o pedido de sua filha e dar tempo a Robert para refletir sobre seus atos. Afinal, tudo tem a hora certa para acontecer – arrematou Zaion.

Enquanto isso, no hospital, Patrizia foi visitar Robert, levando-lhe uma linda cesta com frutas e flores. Ao ver a namorada, o rosto do rapaz se iluminou. Em segundos, reviveu toda a sua tragédia. Segurando a mão de Patty, com lágrimas nos olhos falou:

– Perdão, querida Patty. Nesses poucos dias em que estive entre a vida e a morte, pude perceber minha estupidez e o tipo de vida áspera e inútil que construí. Tanta luta para, ao final, viver sem paz e sem felicidade. Joguei tudo fora por causa de minha desmedida ambição, sem perceber que a felicidade estava bem ao meu lado. Patty, não sei o que seria de mim sem você. Soube que você ficou ao meu lado o tempo todo em que estive em coma. Mesmo depois de todo o sofrimento que causei a você, Penny e Oliver, ainda assim você não me abandonou. Por quê? – perguntou Robert com a voz embargada.

– Porque eu te amo, Robert. Nem eu sabia o quanto até te ver desfalecido no chão após o tiro. O que você fez foi muito grave e haverá consequências. Não sei exatamente por que, mas acredito que, no íntimo, você é uma boa pessoa. A forma carinhosa e delicada como sempre me tratou e tudo o que dividimos não podia ser só fingimento. Eu sinto que você também me ama e espero, sinceramente, que você perceba o quanto errou e que mude a maneira de pensar e de agir, pois a vida não é só esse curto intervalo entre o nosso nascimento e a morte – respondeu a jovem.

– Sabe, Patty, eu não sei se você irá acreditar, mas eu estou muito arrependido do que fiz. Na minha inconsciência, quase do outro lado da vida pude perceber como desperdiçamos o tempo com futilidades. Se eu pudesse voltar no tempo, faria tudo diferente. Agora vejo que me deixei levar pela ganância e pela ânsia do poder, e passei por cima dos sentimentos de várias pessoas legais como a Penny e o Oliver, e principalmente dos seus. Por favor, me perdoe. Acho que eu precisava desse susto que levei pra acordar. Eu quase morri e, com isso, acabei me dando conta de que o que realmente importa na vida é o amor e a amizade. Essas são as verdadeiras riquezas que uma pessoa deve querer cultivar e preservar. A forma como seu pai e os amigos dele da Fraternidade Ametista se empenharam pra salvar a Penny, nos dando todo o apoio, abrindo mão de um documento tão importante, demonstrou uma lealdade e nobreza de sentimentos que eu nunca tinha experimentado. Sabe, Patty, eu sempre evitei falar da minha família porque tinha vergonha que você soubesse de uma série de coisas. Meu pai era engenheiro e tinha um bom cargo em uma indústria, mas minha mãe vivia brigando com ele por conta da sua falta de ambição. De tanto discutirem, ele não aguentou e acabou nos abandonando. Minha mãe se entregava de corpo e alma ao trabalho como gerente de uma loja de artigos femininos, sempre reforçando a ideia de que as pessoas só têm valor pelo que possuem, e não pelo que são. Acho que foi isso que alimentou essa minha ganância. Agora percebo o quanto isso me fez mal. Eu te amo, Patty, e não quero te perder. Quero ser uma pessoa melhor pra merecer o seu amor. Você acredita em mim?

– Claro que sim. Ninguém é perfeito, Robert. Todos nós erramos. O importante é saber reconhecer isso e se esforçar pra corrigir. Meu coração já é seu e vou estar ao seu lado e te dar força pra que possa se reerguer e superar tudo o que passou, para juntos crescermos como seres humanos.

Depois de dizer essas palavras, Patrizia se aproximou de Robert, colocou as mãos no rosto dele, e com muito carinho beijou-o muitas vezes.

– Tenho uma surpresa pra você – disse a jovem. – Há duas pessoas que gostariam de te ver.

Em seguida, abriu a porta do quarto para que Oliver e Penélope entrassem.

– Olá, Robert, fico feliz em saber que está se recuperando – disse Penny, rompendo o gelo.

Com os olhos cheios de lágrimas e a voz embargada, Robert falou:

– Penélope, desculpe pelo que fizeram com você. Eles tinham ordens pra não te machucar e espero que tenham cumprido o trato. Mas foi um erro horrível da minha parte, uma violência sem tamanho, e só agora me dei conta disso. Estou muito envergonhado e arrependido. Espero que acredite em mim. Você também, Oliver. Vocês me receberam de braços abertos e aceitaram a minha amizade, e eu os traí. Estava cego de ambição. Me perdoem.

– Foi um susto muito grande e ainda estou traumatizada – disse Penny. – Mas você também acabou se ferindo seriamente, há males que vêm para bem, espero que tenha aprendido a lição. A Patrizia é minha melhor amiga e te ama muito. E por ela eu estou disposta a te dar outra chance. Mas vê se não pisa na bola outra vez, certo?

– Aprendi a lição sim e estou disposto a assumir as consequências – disse Robert. – Patty, por favor, ligue seu pai e pro Zaion e peça a eles que venham falar comigo. Quero confessar a eles e à polícia que o mandante do sequestro foi Giorgio Dark e fornecer detalhes de como ele me convenceu a ajudá-lo a concretizar o plano.

Robert cumpriu o que prometeu e, para ajudar o rapaz, Zaion e Arnaboldi conseguiram abrandar a punição. Como ele colaborou espontaneamente com a polícia e era réu primário, livrou-se da prisão, mas foi condenado a prestar serviços comunitários durante dois anos. Por influência de Master, Robert também conseguiu um emprego em uma empresa bastante conceituada e pôde continuar seus estudos na Universidade. Na visão de Zaion, todas as pessoas que se desviam do caminho do bem merecem uma chance para se recuperar quando sinceramente procuram por ela, buscando uma nova forma de viver. E se forem acolhidas em um ambiente de colaboração em que se cultivam valores nobres, como lealdade, amizade, solidariedade, compreensão e sinceridade, dificilmente voltam a cometer os deslizes do passado.

A notícia sobre a recuperação de Robert chegou como bomba aos ouvidos de Giorgio Dark. Sabendo que corria o risco de ser denunciado e preso, ele se antecipou e deixou o país antes que a polícia fosse em seu encalço. Ninguém em seu escritório soube dizer seu paradeiro. Ele simplesmente disse a um dos diretores da empresa que assumisse a direção enquanto ele estivesse fora, alegando que precisava de um tempo para resolver questões pessoais. Com sua mania de grandeza, ele raciocinava que no planeta há uma luta gigantesca pelo poder e que ele não iria esmorecer, nem deixaria ninguém tomar seu lugar e sua fortuna.

– É com o raciocínio que conservarei o poder e o domínio, influenciando, manipulando, mantendo a massa distraída e distante de outros fins que não os que estabelecermos como prioritários. Um pequeno recuo se faz necessário agora, para um grande avanço mais tarde. Aguardem meu retorno triunfante, eu bem sei o que devo fazer – pensou.

Capítulo 18

Nasce uma Nova Esperança

Na reunião da Liga dos Líderes, sem a nefasta influência de Dark, o ambiente parecia mais leve e propício ao entendimento. O grupo que simpatizava com as ideias de Zaion se propôs a convencer os organismos governamentais a estabelecerem uma conduta em prol da convivência harmônica com o meio ambiente, a partir da implantação de leis que privilegiassem a sustentabilidade. Para eles havia ficado claro que deveriam buscar o conhecimento real da Criação e do significado da vida, recomendando esses temas como disciplina essencial nas escolas de todos os níveis, cultivando o raciocínio conjuntamente com intensa atividade sensitiva da intuição. Dessa forma, as novas gerações estarão aptas a adquirir plena consciência da enorme responsabilidade do que é ser realmente independente em suas decisões e responsável pelos resultados advindos. Com isso, deverão ser eliminadas de vez as divergências culturais entre os povos e os conflitos delas decorrentes, pois sendo o planeta Terra um dos bilhões de astros no cosmos, seu surgimento é um acontecimento voltado para todos os povos.

Independentemente do lugar onde os seres humanos tenham nascido, ou da língua que falam, somos todos cidadãos do cosmos. Eles também viram a necessidade de alcançarmos um novo foco na educação, que tomando a natureza e suas leis como base, abre caminhos para que a ciência e a tecnologia se humanizem, dando sentido à vida e condições para que os sonhos sejam realizados.

Os inúmeros conflitos religiosos e preconceitos decorreram das restrições intelectivas dos seres humanos que geraram cobiças pelo poder e fanatismos. Desde os antigos gregos havia uma tendência para a busca de algo mais do que o materialismo tem oferecido. Vários pesquisadores se preocuparam com as aptidões nobres da alma, mas era perceptível que estava faltando algo nas análises, isto é, faltava o reconhecimento da espiritualidade. Com o aumento das motivações humanas voltadas para as necessidades materiais, incluindo a diversão e o prazer, as novas gerações não deram continuidade ao processo e o modo de vida foi sendo radicalmente alterado, sendo que muitas teorias e pseudoverdades foram postas de lado. No mundo contemporâneo, o dogmatismo e o misticismo vão perdendo força, embora ainda não tenha se fortalecido a busca pela elevação espiritual. Em meio a tantas informações fragmentadas, para que se tenha uma visão ampla, a obra *Na Luz da Verdade*, de Abdruschin, vasculha pormenorizadamente os valores humanos e as causas do declínio.

Os líderes também abordaram a questão dos desequilíbrios econômicos, sociais e ambientais, projetando-se em escala global a regulamentação da emissão de dinheiro e das operações econômico-financeiras, de forma justa e equilibrada, evitando a competição desleal e as manobras favorecedoras das atividades especulativas. Tais desequilíbrios jamais serão sanados, se continuarem prevalecendo prioritariamente os interesses e as leis dos mais poderosos.

Durante milênios, a espécie humana vem se afastando de sua essência nobre. O ser humano não é uma máquina biológica, e toda a evolução tem sua razão de ser, cabendo ao homem dedicar-se à sua compreensão.

Em seu discurso, Zaion lembrou mais uma vez aos líderes que estamos vivendo em uma época tumultuada, insegura, cheia de medos, muita miséria, dificuldades crescentes, muita indolência e pouca alegria. Diante de tantos acontecimentos inesperados, a humanidade permanece apática na suposição de que algo fora do comum aconteça, pois tudo está caminhando em direção crítica.

– Apesar das dificuldades, necessitamos de muita coragem para resistir e força para construir o que for possível. Temos de fugir do caos. A melhoria das condições é possível para todos que se esforçam conscientemente. Recebemos o planeta não para agirmos como donos, mas para aproveitar nossa estada, desfrutando e preservando-o para as gerações futuras, humanizando as cidades, melhorando a qualidade de vida. Ainda estamos muito longe da compreensão da vida. Esse entendimento deve ser prioritário.

– Devemos nos empenhar na construção de um mundo cada vez melhor em consonância com as leis da Criação. Todos estão achando que o tempo está passando cada vez mais rápido, isso já não é mais novidade para ninguém. As pessoas estão sentindo-se como que aprisionadas aos acontecimentos, sem condições de reagir, o que gera em alguns uma forte ansiedade. No entanto, não podemos parar, sempre temos a possibilidade de tomar alguma decisão e fazer alguma coisa, o que não dá é para ficar acomodado sem fazer nada.

– A cada crise que enfrentamos, vai se tornando evidente a inviabilidade do crescimento econômico cumulativo e altamente competitivo entre os povos, que deveria ter se processado de modo paulatino e natural de acordo com o crescimento da população, para uma vida plena. O crescimento exponencial da população, que atingiu níveis insustentáveis, se deu exatamente como decorrência do atraso da evolução espiritual da humanidade. Em vez de evolução, ocorreu o inverso, a involução humana, a níveis jamais esperados para nossa espécie, faltou o efeito revigorante da força espiritual que tudo perpassa, de modo que ela não pode atuar assim como realmente devia, então o impulso para a luta na natureza seria enobrecido, espiritualizado, pela vontade ascendente das criaturas humanas.

– Para termos uma taxa de crescimento natural não seriam necessárias jornadas tão longas, o trabalho poderia ser do tipo temporário em todas as atividades, de conformidade com as necessidades e com equilíbrio na participação da geração de riqueza. O sistema de trabalho de 24 horas por dia, nos sete dias da semana, perderia sua finalidade, é o que indica a existência de grande volume de capacidade ociosa, tudo deveria se processar em um ritmo natural de crescimento, sem explosões, e com lucratividade estável.

– A prioridade da humanidade, acorrentada ao mundo material, deixaria de ser o unilateral acúmulo de riqueza, mas como sempre deveria ter sido, passaria a ser a busca do aprimoramento e da melhora geral das condições de vida no planeta, por meio do infindável desenvolvimento das capacitações humanas, de conformidade com as leis naturais da Criação, que em tudo promovem o aprimoramento.

Master enfatizou também a importância de cuidarmos das novas gerações, canalizando seu estado sonhador para que a humanidade possa alcançar os níveis mais elevados na trajetória da evolução humana.

– Lamentavelmente, os jovens não estão recebendo o adequado preparo. Urge prepará-los para que tenham a coragem e a perseverança necessárias para enfrentar os grandes desafios e evoluir em paz, pois a natureza, com sua atividade abençoada, nos ofereceu tudo de que necessitamos. As novas gerações deverão, desde cedo, ser orientadas sobre a maravilhosa formação e evolução do planeta, uma diminuta estrela na Via Láctea que reúne todas as condições necessárias para a existência humana. Devem também saber que a vida surgiu no ambiente aquático, passou pelo ambiente terrestre, seguindo uma ininterrupta cadeia de mutações e adaptações até ao surgimento do ser humano. As teorias científicas deverão ser construídas a partir da vida real existente na natureza e não estruturadas na oficina do cérebro. Isso tudo formará a base para uma nova humanidade pacífica e laboriosa, pois cada indivíduo terá a nítida consciência de que faz parte do todo, sendo responsável pela conservação da paz e do progresso. As leis do Criador regem toda a natureza e são perfeitas, atuando em plena sintonia, a ponto de produzir o Universo e toda a evolução da matéria em seu ciclo de formação, desenvolvimento e decomposição para, depois, reiniciar novamente o ciclo de formação. Os estudiosos e cientistas que revelaram à humanidade as leis da Física, da Química, da Biologia, entre outras disciplinas, nada mais fizeram que expor as leis da Criação, às quais estamos todos submetidos e que revelam a perfeição do Criador.

– Os fenômenos não acontecem aleatoriamente como obra do acaso. A Terra não surgiu por acaso. A vida não surgiu por acaso. Tudo tem um propósito. Cabe aos seres humanos a missão de desvendar o propósito último da vida, e para isso receberam a necessária capacitação para intuir, pensar e analisar. Não há um determinismo na vida. A história humana é moldada, automaticamente, pelas leis naturais da Criação, de acordo com o querer íntimo dos indivíduos e dos povos. A mudança de rota é possível, mas apenas até um determinado limite, a partir do qual não há mais volta, e as consequências se tornam inevitáveis. Ainda resta um pouco de tempo para os indivíduos tomarem um novo rumo, mas apenas para aqueles que sinceramente buscam pelas rotas da paz e do progresso espiritual e material.

– É necessário que o ser humano adquira o conhecimento de toda a atuação da Criação, da qual o evolucionismo é apenas uma pequena parte. Sem esse saber, tudo estará fadado ao insucesso. É indispensável conhecer a construção da Criação na qual habitamos para que não continuemos nela como estranhos. A ciência e os cientistas ainda não ocupam o lugar que deveriam servindo à paz mundial e ao efetivo desenvolvimento humano. A luta pela sobrevivência introduziu nas ciências uma erudição complicada para valorizar os indivíduos que constroem as teorias, utilizando palavras bombásticas e difíceis para a compreensão da população. Assim, a ciência acabou se separando da humanidade quando, na realidade, deveria servir, explicar os fenômenos, uma vez que a natureza nos oferece tudo o que pode ser utilizado para o benefício da vida e do planeta. Os líderes deverão incentivar a população a participar ativamente do grande plano da evolução da qualidade humana e do beneficiamento das condições de vida. Segundo Abdruschin, a tarefa do ser humano espiritualmente fortalecido "é a ligação com as correntes ascendentes das forças da Luz, propagando-as no ambiente material, enobrecendo esse ambiente cada vez mais, para torná-lo aquele paraíso que deve surgir na Terra".

Depois de toda a explanação de Master, a Liga dos Líderes concluiu que o ser humano está na Terra para evoluir espiritual e materialmente e alcançar a legítima felicidade, e todos os presentes se comprometeram a agir para que esse conceito se transforme em realidade. Eles compreenderam que a paz e a melhor qualidade de vida estão ligadas ao aprimoramento da qualidade humana em todos os sentidos. Sem uma educação ampla e real, livre de dogmatismos e fanatismos, os seres humanos jamais alcançarão a necessária capacitação e preparo para a vida, tornando-se aptos para conquistar um futuro continuamente melhor e mais risonho, de paz, alegria e harmonia.

Os seres humanos não podem continuar às cegas pela vida. Para prosseguir na marcha da evolução, precisam se afastar da crença cega e buscar a crença viva conforme Cristo exige, movimentando-se, ponderando e analisando sem cair na aceitação apática dos pensamentos alheios; têm de se conscientizar de sua responsabilidade de prosseguir a obra da evolução, tanto no autoaprimoramento quanto na construção beneficiadora, captando a energia espiritual para aplicá-la em tudo o que fizerem, assim contribuindo para o permanente embelezamento do maravilhoso mundo que habitamos transitoriamente para alcançar a evolução, transformando-se efetivamente em ser humano.

Notas do Autor

Abdruschin: o pseudônimo de **Oskar Ernst Bernhardt**, nascido em 18 de abril de 1875, na Saxônia, Alemanha. Abdruschin sempre exigiu que os seres humanos se preocupassem com suas palavras e não com a pessoa do autor. Por essa razão, os aspectos de sua vida terrena sempre foram deixados de lado. Fixou-se em Vomperberg, Tirol austríaco, onde escreveu, em alemão, a *Mensagem do Graal*, difundida posteriormente para vários países. Abdruschin faleceu em 6 de dezembro de 1941, na cidade de Kipsdorf, Alemanha, quase quatro anos após ter sua propriedade, na Áustria, confiscada pelos nazistas que tomaram o país.

A Mensagem do Graal: é uma obra editada em três volumes, contendo esclarecimentos fundamentais e imprescindíveis a respeito da existência humana: de onde viemos, para onde vamos e por que vivemos. A mensagem não tem conexão alguma com as filosofias ou crenças religiosas existentes. Com ela, Abdruschin não divulgou uma nova religião, mas, sim, esclarecimentos profundos e abrangentes a respeito de questões até hoje consideradas enigmas ou mistérios. *"No saber da Criação já dado por mim em minha Mensagem, e nos esclarecimentos a ele ligados, do funcionamento automático das leis atuantes na Criação, que também podem ser chamadas leis da natureza, mostra-se sem lacunas todo o tecer da Criação, deixando reconhecer claramente todos os fenômenos e, com isso, a razão de toda a existência humana, desenrolando também, em intangível sequência, de onde vem e para onde vai, dando por essa razão resposta a cada pergunta, assim que o ser humano procure seriamente por isso."* (Abdruschin. *Na Luz da Verdade* – dissertação "Enrijecimento" – Vol. 1)

Albert Einstein: físico alemão, nascido em 1879 na cidade de Ulm (Alemanha) e radicado nos Estados Unidos, notabilizou-se por desenvolver a teoria da relatividade, conquistando o Prêmio Nobel de Física, em 1921, pela correta explicação do efeito fotoelétrico. Seu trabalho teórico possibilitou o desenvolvimento da energia atômica, apesar de ele próprio não ter previsto tal possibilidade.

Alexis Carrel (1873-1944): biólogo francês nascido em Lyon, onde graduou-se em Medicina, tendo posteriormente se transferido para os Estados Unidos. Notabilizou-se por desenvolver a técnica para transfusões sanguíneas, o que lhe propiciou o Prêmio Nobel de Fisiologia/Medicina em 1912.

Charles Robert Darwin (1809-1882): naturalista britânico que alcançou notoriedade ao convencer a comunidade científica sobre a ocorrência da evolução, propondo uma teoria para explicar como ela se dá por meio da seleção natural e sexual das espécies animais e de plantas. Foi laureado com a medalha Wollaston, concedida pela Sociedade Geológica de Londres, em 1859. Darwin começou a se interessar por história natural na Universidade de Cambridge, enquanto era estudante de Medicina e de Teologia. A viagem de cinco anos a bordo do *Beagle* e seus escritos posteriores trouxeram-lhe reconhecimento como geólogo e fama como escritor. Suas observações da natureza levaram-no ao estudo da diversificação das espécies e, em 1838, ao desenvolvimento da teoria da Seleção Natural. Consciente de que outros antes dele tinham sido severamente punidos por sugerir ideias como aquela, ele as confiou apenas a amigos próximos e continuou sua pesquisa tentando antecipar possíveis objeções. Contudo, a informação de que Alfred Russel Wallace tinha desenvolvido uma ideia similar forçou a publicação conjunta de suas teorias em 1858. Em 1859, escreveu *A Origem das Espécies e a Seleção Natural* (do original, em inglês, *On the Origin of Species by Means of Natural Selection, or The Preservation of Favoured Races* *in the Struggle for Life*),* introduzindo a ideia da evolução por meio da seleção natural a partir de um ancestral comum, o que se tornou a explicação científica dominante para a diversidade de espécies na natureza. Ele ingressou na Royal Society e continuou sua pesquisa, escrevendo uma série de livros sobre plantas e animais, incluindo a espécie humana, notavelmente *A Descendência do Homem e Seleção em Relação ao Sexo* (*The Descent of Man, and Selection in Relation to Sex*, 1871) e *A Expressão da Emoção em Homens e Animais* (*The Expression of the Emotions in Man and Animals*, 1872). Em reconhecimento à importância do seu trabalho, Darwin foi enterrado na Abadia de Westminster, próximo a Charles Lyell, William Herschel e Isaac Newton. Foi uma das cinco pessoas não ligadas à família real inglesa a ter um funeral de Estado no século XIX.

Edwin Powell Hubble (1889-1953): astrônomo norte-americano, tornou-se famoso por ter descoberto que as nebulosas eram, na verdade, galáxias externas à Via Láctea e que estas se afastam umas das outras a uma velocidade proporcional à distância que as separa. Seu nome foi dado ao primeiro telescópio espacial, colocado em órbita em 1990 para estudar o espaço sem as distorções causadas pela atmosfera.

Henri-Louis Bergson (1859-1941): filósofo e diplomata francês, notabilizou-se pela obra *Matière et Mémoire e L'Évolution créatrice*, ainda hoje conhecida por seu conteúdo atual e estudada em diferentes disciplinas, como Neuropsicologia, Cinema e Literatura. Ganhou o Prêmio Nobel de Literatura em 1927. Foi o expoente da linha de filosofia intuicionista, assim chamada por afirmar que o verdadeiro conhecimento não está nos conceitos abstratos do intelecto racional, mas na apreensão imediata da intuição. Segundo Bergson, havia duas formas de conhecer o objeto: mediante o conceito e mediante a intuição. Bergson conceitua a intuição como a faculdade suprema do impulso vital e faculdade cognoscitiva do filósofo. Segundo ele, *"hoje, só raramente e com grande esforço, podemos chegar à intuição; no entanto, a humanidade chegará um dia a desenvolver a intuição de tal modo que será a faculdade ordinária*

---

* N.E.: Obra publicada pela Madras Editora.

para conhecer as coisas. Então, desaparecerão todas as escolas filosóficas e haverá uma só filosofia verdadeira conhecedora da verdade e do ser absoluto." Bergson foi um dos primeiros a fazer referência ao inconsciente.

H. G. Wells (1866-1946): foi um prolífico escritor britânico cujo vasto trabalho inclui romances, ficções científicas, ensaios históricos e políticos. Socialista autodeclarado. Intuiu que o mundo caminhava para uma nova era de paz e progresso, e com visão pacifista. Visualizava uma nova forma de vida com liberdade plena, com a reconstrução da humanidade, no entanto, ficou distante da imperiosa necessidade da espiritualização dos indivíduos para o reerguimento da espécie humana de sua continuada decadência.

Isaac Asimov: escritor nascido em Petrivichi (Rússia) em 2 de janeiro de 1920. Radicado nos Estados Unidos, notabilizou-se como autor de livros de ficção científica. Sua obra mais famosa foi a série conhecida como *Trilogia da Fundação*, parte da série do Império Galáctico e que logo combinou com sua outra grande série dos Robots. Também escreveu obras de mistério e fantasia, assim como uma variedade de não ficção. No total, escreveu e editou mais de 500 volumes.

Jean Choisel: uma das muitas pessoas que pesquisaram com profundidade as perguntas cruciais da vida, tendo editado o livro *L'avenir de Notre Évolution*, Le Courrier du Livre, Paris, 1966, traduzido e editado no Brasil em 1968 pela Editora Forense, sob o título *A Nova Humanidade*.

Johann Carl Fuhrrott: nascido em 31 de dezembro de 1803, em Leinefelde (Alemanha), ficou famoso por ter descoberto o primeiro espécime Neanderthal durante uma expedição arqueológica realizada em 1856. Depois de ter estudado matemática e ciências naturais na Universidade de Bonn, Fuhlrott se tornou professor do ginásio em Elberfeld. Em 1856, ao participar de uma escavação, encontrou ossos que inicialmente pensou serem de ursos. Com a ajuda de Hermann Schaffhausen, professor de anatomia da Universidade de Bonn, percebeu que os ossos eram similares aos dos seres humanos. Juntos, anunciaram essa descoberta em 1857. Hoje, ambos são considerados os fundadores da paleoantropologia e o espécime que encontraram foi denominado *Homo neanderthalensis*, em virtude do local em que as ossadas foram inicialmente identificadas.

Richard Erskine Frere Leakey: antropólogo físico e paleontólogo africano nascido em Nairóbi, Quênia, descobriu um dos mais ricos sítios de fósseis hominídeos que se conhece – Koobi Fora (1970). Inicialmente trabalhando como guia de safáris (1963), encontrou uma mandíbula de hominídeo do gênero *Australopithecus*, o que o motivou a seguir a profissão dos pais, os arqueólogos Mary Douglas e Louis Seymour Bazett Leakey. Na primeira busca no sítio de Koobi Fora (1967), junto ao Lago Rudolf, atual Turkana, encontrou vários artefatos de pedra e, ao longo da década seguinte, encontrou com sua equipe quase 400 vestígios fósseis de hominídeos, correspondentes a cerca de 230 indivíduos. Uma das descobertas mais impactantes foi a de um crânio de *Homo habilis* (1972), reconstituído a partir de mais de 300 fragmentos, que apresentava o dobro da capacidade cerebral do *Australopithecus* e metade da capacidade do homem moderno. Tais descobertas permitiram preencher importantes lacunas no conhecimento do *Homo erectus* da África Oriental. Esses estudos foram descritos nos livros *Origins* (1977) e *People of the Lake* (1978), escritos em colaboração com Roger Lewin, nos quais sustenta a teoria de que há 3 milhões de anos coexistiram três tipos de hominídeos: *Homo habilis*, *Australopithecus africanus* e *Australopithecus boisei*, e que, após o desaparecimento dos dois últimos, o primeiro teria evoluído para o *Homo erectus*, ancestral do *Homo sapiens*. Leakey tornou-se diretor administrativo dos Museus Nacionais do Quênia (1968), e publicou, ainda, *The Making of Mankind* (1981).

Roselis von Sass: autora de diversos títulos editados pela Ordem do Graal na Terra. Nasceu na Áustria em 1906 e veio para o Brasil ainda jovem, onde faleceu em 1997. O sentido mais profundo da existência, com seus ensinamentos, foi sempre o principal objetivo dessa extraordinária escritora. Muito cedo, sua alma sensível aprendeu a discernir a realidade das aparências, concluindo que:

"Não é o lugar em que nos encontramos nem as exterioridades que tornam as pessoas felizes; a felicidade provém do íntimo, daquilo que o ser humano sente dentro de si mesmo". Sua vida laboriosa e fecunda foi sempre dirigida pelo "amor". Amor à natureza com todas as suas criaturas; amor aos seres humanos e, sobretudo, um profundo e fiel amor ao Criador.

Thomas Robert Malthus: nascido em Rookery, em 14 de fevereiro de 1766, foi um dos mais famosos economistas britânicos. Filho de um rico proprietário de terras, concluiu os estudos no Jesus Colledge de Cambridge, em 1784. Tornou-se pastor anglicano, em 1797, e dois anos depois, iniciou uma longa viagem de estudos pela Europa. Ao se casar em 1804, abandonou o posto de pastor. Malthus se notabilizou pelos estudos sobre a população. Ele concluiu que o excesso populacional era a causa de todos os males da sociedade (população cresce em progressão geométrica e alimentos em progressão aritmética). Suas análises estão contidas em dois livros conhecidos como *Primeiro Ensaio* e *Segundo Ensaio*. Tanto o primeiro ensaio, uma crítica à utopia, quanto o segundo ensaio, no qual há uma vasta elaboração de dados materiais, têm como princípio fundamental a hipótese de que as populações humanas crescem em progressão geométrica. Malthus estudou possibilidades de restringir esse crescimento, pois os meios de subsistência poderiam crescer somente em progressão aritmética. Suas obras exerceram influência em vários campos do pensamento e forneceram a chave para as teorias evolucionistas de Charles Darwin e Wallace.

William Shakespeare (1564-1616): é tido como o maior escritor da língua inglesa e o mais influente dramaturgo do mundo. Chamado frequentemente de poeta nacional da Inglaterra e de Bardo de Avon. Suas principais obras foram 38 peças teatrais, destacando-se *Romeu e Julieta, Rei Lear, Macbeth, A Megera Domada, Sonhos de uma Noite de Verão,* entre outras, além de 154 sonetos, dois longos poemas narrativos e diversos outros poemas. Suas peças foram traduzidas para os principais idiomas do globo e são encenadas mais do que as de qualquer outro dramaturgo. Shakespeare nasceu e foi criado em Stratford-Upon-Avon.

Benedicto Ismael Camargo Dutra: graduado pela Faculdade de Economia e Administração da USP, é articulista colaborador de jornais e realiza palestras sobre temas ligados à qualidade de vida. É associado ao Rotary Club de São Paulo. Atua na coordenação dos sites www.vidaeaprendizado.com.br e www.library.com.br e é autor dos livros *O Homem Sábio e os Jovens, Desenvolvimento Humano, A Trajetória do Ser Humano na Terra*,* entre outros. *E-mail*: bidutra7@gmail.com

---

* N.E.: Obra publicada pela Madras Editora.

MADRAS Editora

Para mais informações sobre a Madras Editora, sua história no mercado editorial e seu catálogo de títulos publicados:

Entre e cadastre-se no site:

www.madras.com.br

Para mensagens, parcerias, sugestões e dúvidas, mande-nos um e-mail:

marketing@madras.com.br

SAIBA MAIS

Saiba mais sobre nossos lançamentos, autores e eventos seguindo-nos no facebook e twitter:

@madrased

/madraseditora